Hilfe, mein Chef ist ein Idiot!

TOMMY WEBER

Hilfe, mein Chef ist ein Idiot!

Überlebensstrategien im Berufsalltag

Bibliografische Information der Deutschen Nationalbibliothek:
Die Deutsche Nationalbibliothek verzeichnet diese Publikation
in der Deutschen Nationalbibliografie; detaillierte bibliografische
Daten sind im Internet über http://dnb.dnb.de abrufbar.

© 2017 Tommy Weber
Satz, Umschlaggestaltung, Herstellung und Verlag:
BoD - Books on Demand, 22848 Norderstedt

ISBN: 978-3-7448-4752-0

Alle Neuigkeiten über mich finden Sie auf meiner Facebook Autorenseite. Sie
sind herzlich eingeladen unter
https://www.facebook.com/Autor.TommyWeber/

Inhalt

Einleitung:

Der Beruf ist das Rückgrat des Lebens, sagte der Philosoph Friedrich Wilhelm Nietzsche, und wenn dieses Rückgrat schmerzt, dann ist nicht selten der Chef daran schuld. Wer nicht gerade selbstständig oder freiberuflich arbeitet, der hat auch einen Chef, einen Vorgesetzten oder Boss, der die Arbeit angenehm gestalten oder das Leben zur Hölle machen kann. Die Arbeit könnte sehr angenehm sein, wenn nicht jener oft verhaltensauffällige und mitunter schwer erziehbare Mensch wäre, der sich Chef nennt. Der Chef, der gerne mal Absprachen vergisst, der die Ideen seiner Mitarbeiter als die eigenen Ideen ausgibt und eigentlich nur aus Kritik und Nörgeln besteht.

Kann es gelingen, den Chef zu erziehen? Ihn zu einem Menschen zu machen, mit dem die tägliche Arbeit zu einem echten Vergnügen wird? Viele werden jetzt vielleicht resigniert den Kopf schütteln und sagen: Das kann nicht gelingen, denn schließlich ist der Chef der Chef, sein Wort ist Gesetz, und wer sich nicht fügen will, der kann ja gehen. Aber was, wenn der Job Spaß macht, gut bezahlt wird und die Kollegen schwer in Ordnung sind? Dann wäre es keine gute Entscheidung, einfach die Segel zu streichen und den Chef gewinnen zu lassen. Hier lohnt es sich, zu kämpfen und zu Erziehungsmaßnahmen zu greifen, die aus dem Chef einen respektablen Menschen machen.

Kapitel 1:
Der Chef – das unbekannte Wesen

Bevor es an die Erziehung des Chefs geht, muss zunächst einmal feststehen, welchem Temperament der Chef zuzuordnen ist. Es gibt vier Temperamente, die unterschiedlicher nicht sein könnten, und wenn feststeht, zu welchem der vier Temperamente der Chef gehört, dann wird es deutlich leichter sein, ihn zu erziehen.

• Der Melancholiker – ein Chef, der alles schwarz sieht

Wenn der Chef fleißig, beständig, gewissenhaft, treu, gründlich und zuverlässig ist, dann ist er garantiert ein Melancholiker, ein Mensch, mit dem es sich eigentlich gut arbeiten lässt ... wären da nicht seine negativen Charaktereigenschaften. Melancholische Menschen sind verschlossen, sie neigen zur Schwermut, sie sind ängstlich, sehr empfindlich und sie verlieren sehr schnell den Mut. Für die Mitarbeiter kann ein solcher Chef eine enorme Belastung sein, denn schon der kleinste Misserfolg bedrückt und verunsichert ihn. Ein unbeschwertes Arbeiten ist kaum möglich, denn das Motto des Melancholikers lautet stets: Das schaffe ich bestimmt nicht und wir werden das auch nicht schaffen. Ein solcher Chef kann die Stimmung drücken und das Schwarzsehen auf seine Angestellten übertragen, die sich schließlich irgendwann auch nichts mehr zutrauen.

• Der Sanguiniker – ein Chef im Chaos der Gefühle

Ein Chef, der begeisterungsfähig, immer interessiert, aufgeschlossen, heiter, lebensfroh und offen für neue Ideen ist, der muss ein toller Chef sein, oder doch nicht? Wenn Sie einen Sanguiniker als Vorgesetzten haben, dann werden Sie diese vermeintlich positiven Eigenschaften schnell zum Teufel wünschen. Menschen mit diesem Temperament brennen schnell; leider handelt es sich dabei aber nur um ein Strohfeuer, das schnell entfacht, aber ebenso schnell auch gelöscht ist. Zwar ist die Herzlichkeit echt, die ein solcher Chef seinen Angestellten entgegenbringt, aber das Gefühl hält nicht allzu lange an. Seine Gefühle wechseln so schnell wie das launische Wetter im April und die Kollegen müssen sich ständig darauf einstellen. Sein Motto lautet: Wir schaffen das schon, aber wenn es ein Misserfolg werden sollte, dann ist das auch nicht weiter schlimm. Sanguiniker sind leichtsinnig, sie lassen sich schnell ablenken, sie sind unbeständig, zuweilen auch unbesonnen und geschwätzig. Im Grunde wissen die Angestellten nie, woran sie mit ihrem Chef sind, und es erfordert viel Fingerspitzengefühl, den Chef in die richtige Richtung zu lenken.

- **Der Phlegmatiker – ein Chef, der die Nerven behält**

Eigentlich müsste ein Phlegmatiker der beste Chef von allen sein, die Betonung liegt hier aber auf eigentlich, denn auch wenn es viele positive Eigenschaften gibt, die negativen Charakterzüge dürfen nicht übersehen werden. Ein Phlegmatiker strahlt eine unerschütterliche Ruhe aus, er ist beständig, vor allem dann, wenn er einmal sein Wort gegeben hat, er macht immer einen zufriedenen Eindruck, ist ausgeglichen und ein verträglicher Mensch. Das klingt nach einem sehr guten Chef, einem, mit dem es sich hervorragend arbeiten lässt. Aber das ist leider nur der erste Eindruck, auf den zweiten Blick offenbaren sich einige gravierende Charaktereigenschaften, die diesen Chef sehr schnell zu einem Scheusal machen. Der phlegmatische Chef ist gleichgültig, er kann sich nur sehr schwer für etwas begeistern, seine Angestellten interessieren ihn nicht wirklich, und seine Kaltblütigkeit macht es möglich, Kündigungen ohne jede Gefühlsregung auszusprechen. Zudem kommt er mit Neuerungen nur sehr schwer zurecht, denn dazu ist er viel zu bequem, er hängt an alten Gewohnheiten, er denkt nüchtern und handelt immer rational.

- **Der Choleriker – ein unbeherrschter Chef**

Das, was dem Phlegmatiker gänzlich fehlt, hat der Choleriker im Überfluss: Temperament. Ein cholerischer Chef lässt sich schnell begeistern, er ist leidenschaftlich, wild entschlossen, verlässlich, er ergreift gern die Initiative und er beweist Ausdauer. Das klingt für ein junges, engagiertes Team sehr gut, denn dieser Chef kann andere mitreißen. Wären da nicht sein Jähzorn, seine Reizbarkeit, sein unbeherrschtes Wesen, sein Eigensinn und seine nachtragende Art. Mit diesen negativen Eigenschaften muss das Team leben und sich darauf einstellen. Ein Choleriker poltert sehr schnell und sehr laut los, es reicht schon ein kleiner Anlass und er verliert die Beherrschung. Ein solcher Chef kann sehr ungerecht sein, er stürmt voran und will mit dem Kopf durch jede Wand. Aber genauso schnell, wie er hochgeht, genauso kommt er auch wieder runter und bereut nicht selten, wenn er jemanden beleidigt hat. Ein cholerischer Chef ist im Grund wie ein »Enfant terrible«, ein schreckliches kleines Kind, und die Angestellten müssen eine Menge Geduld und guten Willen haben, um es mit ihm auszuhalten.

Vielleicht hat der eine oder andere seinen Chef erkannt und überlegt jetzt: Wie kann ein Choleriker erzogen werden und wie sollte man einem Phlegmatiker begegnen? Gibt es überhaupt Möglichkeiten, einen Melancholiker zu einem vernünftigen Chef zu machen, und wie wird es einfacher, mit einem Sanguiniker zu arbeiten? Auch wenn die Charaktereigenschaften nicht immer positiv sind, es gibt Wege, einen Chef zu erziehen. Was die Angestellten aber unbedingt brauchen, das ist Geduld.

Kapital 2:
Mein Chef – das Ekel

Es gibt sie, die Chefs, die ihre Angestellten mit einer elektrischen Fliegenklatsche malträtieren, indem sie sie mit kleinen Stromstößen erschrecken, und es gibt ebenso Chefs, die ihre Untergebenen mit einer Softair-Pistole beschießen. Das, was wie Szenen aus dem amerikanischen Film »Kill the Boss« aussieht, ist in Deutschland passiert und landete vor dem Arbeitsgericht. Diese beiden Beispiele stehen stellvertretend für den zunehmenden Verfall der guten Sitten in deutschen Unternehmen. Eine Erklärung für dieses unentschuldbare Verhalten ist die andauernde Wirtschaftskrise, die den Druck mehr und mehr verstärkt, der dann schließlich von ganz oben nach ganz unten weitergegeben wird.

In Deutschland sind einer Studie der Universität Lüneburg zufolge 65 % der Angestellten unzufrieden und leben im dauerhaften Clinch mit ihren Vorgesetzten. Nicht wenige gehen deshalb auch in krisengeschüttelten Zeiten auf Suche nach einem neuen Job, und bei rund der Hälfte macht sich der Dauerstress im Büro auch gesundheitlich bemerkbar. Es gibt immer mehr Extremfälle, bei denen kein Umerziehungsprogramm mehr hilft, sondern nur noch die Flucht. Aber so weit muss es nicht kommen, denn es gibt viele Konfliktsituationen, die entschärft werden können, und die Angestellten sollten nicht zu schnell die Flinte ins Korn werfen.

Nicht jeder Chef ist ein Bernd Stromberg, der weibliche Angestellte gern mit Sätzen beleidigte, wie: »Weiber? Für irgendwas waren sie gut, aber ich komm grad nicht drauf«, und für den Mobbing kein Fremdwort war, aber manche Chefs sind sehr nah dran. Wenn es noch Hoffnung gibt, dann sollten die Angestellten etwas unternehmen.

Kapital 3:
Hilfe, mein Chef ist ein Pedant!

Kann mir mein Chef seinen Arbeitsstil aufzwingen? Er kann es versuchen, aber erzwingen kann er nichts. Konflikte sind immer dann unvermeidbar, wenn der Chef ein Pedant ist, bei dem die Kugelschreiber exakt in einer Linie liegen, wo jedes Teil seinen festen Platz auf dem Schreibtisch hat, der auf gar keinen Fall verändert werden darf. Mit einem solchen Ordnungsfreak zusammenzuarbeiten, ist eine Geduldsprobe, besonders dann, wenn es Angestellte gibt, die das Chaos lieben. Wenn der Schreibtisch an einen Kriegsschauplatz erinnert, an dem gerade eine Bombe eingeschlagen ist, dann bringt das einen echten Pedanten um den Verstand. Der mehr als ordentliche Chef wird alles versuchen, den vermeintlichen Chaoten auf seine Linie zu bringen, aber dieser kann sich effektiv zur Wehr setzen.

Es ist wichtig, dem Chef klarzumachen, dass Sie sich in diesem Chaos zurechtfinden und die Unordnung für die Kreativität von Vorteil ist. Jeder hat einen anderen Arbeitsstil, die Hauptsache ist, dass die Arbeit zuverlässig und effektiv erledigt wird. Wenn das passiert, dann gibt es keinen Grund, etwas zu beanstanden. Das Gespräch sollte ruhig geführt werden, aber die versprochenen Leistungen müssen auch erfüllt werden; wenn das nämlich nicht geschieht, dann hat der Chef alle Trümpfe in der Hand.

Kapital 4:
Mein Chef lässt jeden Ärger an mir aus

Cholerische Chefs, das haben wir weiter oben schon erfahren, sind gefürchtet und nur schwer zu erziehen. Solche Chefs sind nur mit großer Vorsicht zu genießen, vor allem dann, wenn sie sich aufregen. Wenn der Chef anfängt zu schreien, dann sollten Sie nicht den fatalen Fehler machen und ebenfalls anfangen, laut zu werden. Besser ist es, zunächst einmal tief durchzuatmen, denn sonst eskaliert die Situation sehr schnell. Wenn Sie Ihren Job behalten möchten, dann müssen Sie starke Nerven haben und die Nerven behalten, wenn der Chef den verbalen Knüppel auspackt. Allerdings müssen sich die Angestellten weder die schnell wechselnden Launen noch die Gefühlsausbrüche des Vorgesetzten gefallen lassen, und wenn der Chef völlig aus der Rolle fällt, dann ist es besser, einfach den Raum zu verlassen. Ein Kommentar wie:»Verzeihung, aber es reicht mir«, oder:»Es wird mir gerade zu viel«, sind die einzigen Sätze, die Sie einem tobenden Chef sagen sollten, alles andere würde kein Gehör finden.

Wenn sich der Chef wieder beruhigt hat (was bei Cholerikern sehr schnell gehen kann), dann sollten Sie das Gespräch suchen. Dabei sollten Sie dem Chef zwar höflich, aber dennoch unverständlich klarmachen, dass Sie so nicht behandelt werden möchten und dass dieses Verhalten sehr verletzend war. Die Kritik darf ruhig deutlich ausfallen und sie sollte immer mit der Bitte enden, dass Probleme zukünftig in einem vernünftigen Ton diskutiert werden. Cholerische Menschen bereuen ihr Verhalten und eine sachlich vorgetragene Kritik wird dem Chef sein unmögliches Verhalten sehr deutlich vor Augen führen. Mit ein bisschen Glück wird sich so ein Ausbruch nicht wiederholen.

Kapitel 5:
Mein Chef ist unzuverlässig

Unzuverlässige Menschen sind immer ein Ärgernis, weil sie sich nur sehr schwer einschätzen lassen. Unzuverlässige Chefs, die ihre einmal getroffenen Zusagen nicht einhalten, können den Betriebsfrieden empfindlich stören und strapazieren die Nerven der Angestellten. Es gibt zwei Möglichkeiten, den Chef zu erziehen, aber beide Möglichkeiten erfordern ein wenig Geduld, die die Angestellten wohl oder übel haben müssen.

Zunächst sollten Sie es auf die sanfte Tour versuchen, wenn der Chef wieder einmal nicht in der Lage ist, eine klare Anweisung zu geben oder detaillierte Angaben zu machen. Es kann hilfreich sein, ihn an gelungene Projekte zu erinnern, zu denen er sich im Detail geäußert hat und die letztendlich sehr gut funktioniert haben. Darauf lässt sich immer aufbauen, wenn der Chef gebeten wird, diese Methode noch einmal zu wiederholen. Grundsätzlich ist es aber ratsam, alle Vereinbarungen, die getroffen wurden, in schriftlicher Form festzuhalten, denn was Sie schwarz auf weiß besitzen, das lässt sich nur schwer abstreiten, besonders bei einem Chef, der sich nicht an seine Zusagen hält. Wichtig ist es, die schriftlichen Beweise mit einem Datum zu versehen, denn dann sind Ausreden unmöglich.

Schickt der Chef eine Mail mit Arbeitsanweisungen, dann sollten Sie sofort antworten und die Anweisungen stichpunktartig bestätigen. In dieser Mail sollte um eine Antwort gebeten werden, und wenn das nicht passiert, dann heißt es, auf Konfrontationskurs zu gehen. In diesem Fall muss der Chef mit seiner Unzuverlässigkeit direkt konfrontiert werden, allerdings nicht in einem anklagenden Ton, sondern ruhig, aber unmissverständlich. Die Kollegen müssen dem Chef klarmachen, dass seine ständige Unzuverlässigkeit keine gute Grundlage für eine effektive Zusammenarbeit ist.

Kapitel 6:
Mein Chef macht mich vor den Kollegen runter

Eine Zurechtweisung des Chefs ist immer unangenehm, wenn sie aber vor der versammelten Runde der Kollegen oder, was vielleicht noch schlimmer ist, vor Kunden passiert, dann ist das zutiefst demütigend. Wenn Sie vor Kollegen und Kunden vom Chef zurechtgestutzt werden, dann sollten Sie trotzdem die Nerven behalten und kein Kontra geben, denn als Führungskraft sitzt der Chef immer am längeren Hebel. Die Kritik, berechtigt oder nicht, sollte zunächst einmal hingenommen werden. Es hat keinen Zweck, ausfallend zu werden, denn das würde die ohnehin schon peinliche Situation nur verschärfen; besser ist es, zuzuhören und den Chef um einen Termin für ein Gespräch unter vier Augen zu bitten.

In diesem Gespräch sollten Sie darauf hinweisen, dass eine so harsche und öffentliche Kritik sich negativ auf die Leistung auswirkt. Grundsätzlich sollte die eigene Arbeitsleistung in den Fokus gerückt und auf das Positive aufgebaut werden. Es kann nicht schaden, den Chef zu bitten, in Zukunft die Dinge, die ihm nicht passen, sofort anzusprechen, aber in einem angemessenen Ton und ohne Publikum.

Kapital 7:
Mein Chef ist ein echter Kontrollfreak

Dass ein Chef die Arbeit seiner Untergebenen begutachtet und, wenn es angemessen ist, auch kritisiert oder verbessert, ist vollkommen normal. Nicht normal ist es hingegen, wenn ein Vorgesetzter alles infrage stellt, was seine Mitarbeiter machen, und jede ihrer Arbeiten bis ins Kleinste kontrolliert. Noch schlimmer ist es aber, wenn der Chef nicht nur kontrolliert, sondern bei dieser Gelegenheit betont, dass er das ganz anders und viel besser gemacht hätte. Dieses Verhalten kann die Mitarbeiter sehr schnell an den Rand des Wahnsinns treiben, denn die Grenzen zwischen der genauen Kontrolle und einem Kontrollzwang sind fließend. Sehr gern übertragen Chefs, die unter Kontrollzwang leiden, ihren Angestellten auch Aufträge, von denen sie genau wissen, dass der betreffende Mitarbeiter es vielleicht aus Zeitgründen oder aus mangelnder Fachkenntnis nicht schaffen kann. Das ist zwar nicht nett, aber hier könnten die Erziehungsmaßnahmen für einen echten Kontrollfreak ansetzen.

Wenn Sie nicht riskieren möchten, einen Auftrag zu bekommen, den Sie gar nicht übernehmen möchten, dann sollten Sie Ihrem Chef ein konkretes Projekt vorschlagen, das in Eigenverantwortung übernommen werden kann. So kann die eigene Kompetenz in den Fokus gerückt werden, und wenn es dann noch eine schlüssige Begründung gibt, warum Sie selbst und kein anderer Kollege die Arbeit gut machen wird, dann wird einem Kontrollfreak der Wind aus den Segeln genommen und er muss sich sehr schnell überlegen, was dagegen sprechen könnte. Wenn der Chef aber einwilligt, dann dürfen Sie die Sache nicht auf sich beruhen lassen, denn alle Kontrollfans sind Perfektionisten, die unbedingt Rückmeldungen brauchen.

Chefs, die alles kontrollieren müssen, sind im Grunde ihres Herzens sehr unsichere Menschen, die Garantien wie die Luft zum Atmen brauchen. Diese Garantien verschaffen sie sich über die ständigen Kontrollen, aber wenn die Mitarbeiter dem Chef zuvorkommen und ihn in regelmäßigen Abständen informieren, dann wird die Garantie geliefert und der Chef wird merken, dass er sich auf seine Angestellten verlassen kann. Wenn Sie gegensteuern wollen, dann können Sie mit nur zwei Sätzen in eine sanfte Opposition gehen, und zwar mit: »Welche Aufgaben kann ich übernehmen?«, und: »Wo kann ich Sie entlasten?«

Kapital 8:
Mein Chef kann keine Kritik vertragen

»Nobody's perfect«, heißt es in einem englischen Sprichwort, und tatsächlich ist niemand perfekt. Manche Chefs sind aber felsenfest davon überzeugt, dass sie alles richtig machen, und wenn sie dann kritisiert werden, bricht ihre Welt zusammen. Die meisten Chefs, die gegen Kritik immun sind, reagieren ausgesprochen verärgert, wenn sie ein kritisches Wort hören, was aber im Arbeitsalltag nicht ausbleiben kann. Angestellte können selbst einen Chef, der sich Kritik verbietet, auf seine Fehler aufmerksam machen, aber sie müssen den richtigen Ton finden.

Kritik zu formulieren, die sich an einen Vorgesetzten richtet, ist eine hohe Kunst. Wenn Sie clever sind, sollten Sie wie folgt vorgehen: Zunächst sollte der Chef gefragt werden, ob er überhaupt Interesse an einem Feedback hat, denn ungefragt lässt sich wohl keiner gern kritisieren. Man sollte allerdings nicht den Fehler machen und das Gespräch mit dem Chef nutzen, um sich an ihm zu rächen; das Gespräch ist nur dazu gedacht, eventuelle Missverständnisse und mögliche Fehlerquellen aus dem Weg zu räumen.

Die meisten Menschen, die keine Kritik vertragen können, sind sehr sensibel, und daher ist die Wahl der Worte sehr wichtig. Das Wort »Kritik« sollte auf jeden Fall vermieden werden und die Ich-Form ist immer die bessere Wahl. »Ich habe dies und das etwas anders wahrgenommen«, wäre eine gute Formulierung, und auch: »Bei mir ist das so angekommen«, ist geeignet, wenn es um Kritik am Vorgesetzten geht. Der eigene Standpunkt muss immer sehr konkret, dabei aber immer gelassen vorgetragen werden. Hilfreich dabei ist ein freundliches Lächeln sowie eine Körperhaltung, die eine positive Stimmung ausdrückt. Wenn Sie sich nicht sicher sind, ob die Kritik beim Chef auch so ankommt, wie gewünscht und geplant, dann sollten schon zu Hause den Dialog üben, am besten vor dem Spiegel.

Kapital 9:
Mein Chef überfordert mich permanent

Viele Chefs wissen oft nicht, was sie ihren Angestellten alles aufbürden, sie nehmen es als selbstverständlich hin, dass jeder am Limit arbeitet. Wenn Sie sich permanent überfordert fühlen, dann müssen Sie in die Offensive gehen und den Chef wissen lassen, dass es so nicht mehr weitergehen kann. Es ist immer besser, den Vorgesetzten zu informieren, als letztendlich mit einem Burn-out krankgeschrieben zu werden. Um auf die Überforderung hinzuweisen, sollten Sie eine Liste mit den Aufgaben machen, die gerade bearbeitet werden, und wenn der Chef dann höflich darauf hingewiesen wird, dass die Qualität vor der Quantität steht, dürfte auch beim Vorgesetzten der Groschen fallen. Wichtig ist es auch zu fragen, welche Prioritäten gesetzt werden sollen, was als Erstes erledigt werden muss und was noch warten kann.

Der Chef muss in dieser Situation in die Pflicht genommen werden, denn schließlich verteilt er die Aufgaben, und er muss daher auch wissen, was wichtig ist und was eher nicht. In die Offensive zu gehen, ist in diesem Fall aber leider nicht ganz ungefährlich, denn wenn es den Anschein hat, dass die Arbeit nicht mehr bewältigt werden kann, dann entstehen beim Chef eventuell schnell Zweifel an der Arbeitsleistung.

Kapital 10:
Mein Chef ist nicht in der Lage, Entscheidungen zu treffen

Es gibt Chefs, die es lieben, sich mehrere mögliche Optionen offenzuhalten, und die nicht in der Lage sind, eine konkrete Entscheidung zu treffen. Dieses Verhalten nervt extrem, denn die Mitarbeiter wissen nie so recht, was eigentlich Sache ist. Abgeguckt haben sich die Chefs dieses Verhalten von einigen Politikern, die sich auch nur sehr schwer zu Entscheidungen durchringen können und lieber alles aussitzen. Was in der Politik mehr oder weniger gut funktioniert, ist im geschäftlichen Leben sehr riskant, denn die Konkurrenz schläft nicht, und wer zu spät kommt, denn bestraft bekanntlich das Leben.

Den größten Fehler, den Angestellte bei einem Chef machen können, der sich nicht entscheiden will oder kann, ist, ihn unter Druck zu setzen. Es sollte dem Vorgesetzten allerdings klargemacht werden, dass es in bestimmten Situationen einfach sein muss, konkrete Entscheidungen zeitnah zu treffen. Gut ist es, wenn Sie eine ganz bestimmte Sache zur Hand haben, die schon ziemlich lange darauf wartet, endlich entschieden zu werden. Ein Fehler, den die Mitarbeiter aber nicht machen sollten, ist, sich von der Haltung des Chefs anstecken zu lassen und selbst unter Druck zu geraten. Es ist der Chef, der im Endeffekt die Entscheidungen fällt und auch die Verantwortung trägt. Damit ist es dann auch seine Schuld, wenn etwas nicht klappt und ein gutes Geschäft den Bach runtergeht.

Kapital 11:
Mein Chef schmückt sich mit falschen Federn

Kaum etwas kann einen Angestellten so wütend machen wie ein Chef, der nicht mit seinen eigenen Ideen, sondern mit den Ideen des Angestellten angibt. Besonders perfide ist dieses Verhalten, wenn der Boss die Idee, die er einfach geklaut hat, vor anderen als seine Sternstunde anpreist. Jeder würde in diesem Moment wahrscheinlich gern seiner Wut freien Lauf lassen. Aber genau das ist die falsche Reaktion, denn selbst wenn es vielleicht sehr schwerfällt, aber die Wut sollte hinuntergeschluckt werden. Allerdings nur, bis die Konferenz beendet ist, denn dann wird es Zeit, an den Chef heranzutreten und ihn auf den Ideendiebstahl anzusprechen.

Sie sollten dem Chef zunächst einmal zu seiner gelungenen Idee gratulieren, aber dann darauf hinweisen, welchen Anteil Sie selbst an dieser Idee haben. Wichtig ist es, dem Vorgesetzten zu zeigen, wie glücklich Sie darüber sind, dass der eigene Einfall so wichtige Impulse bekommen hat und dass der Chef so viel zu einer gemeinsamen Arbeit beigetragen hat. Damit wird der Chef nicht frontal angegriffen, aber ihm wird sehr wahrscheinlich deutlich, in welchem Umfang der Mitarbeiter an der Idee beteiligt war. So wird ein sehr deutliches Signal gesetzt, dass der Chef das Schmücken mit fremden Federn zukünftig bitte unterlassen soll.

Leider gibt es Chefs, die sich von dieser Kritik nicht sonderlich beeindrucken lassen und immer wieder mit fremden Ideen glänzen. Ist das der Fall, dann sollten Sie in die Offensive gehen und sehr direkt fragen, warum Sie nicht erwähnt worden sind, denn schließlich gilt auch hier: Wer fragt, der führt!

Kapital 12:
Mein Chef schafft es nicht,
meine Leistungen zu würdigen

Dass Chefs mit einem Lob eher sparsam umgehen, daran wird sich sehr wahrscheinlich auch in Zukunft nicht allzu viel ändern, aber wenn ein Chef es einfach nicht fertigbringt, die Leistungen eines Mitarbeiters zu würdigen, dann kann sich das negativ auf den Betriebsfrieden auswirken. Wenn Sie darunter leiden, dass der Chef nicht in der Lage ist, Ihre Leistungen zu würdigen, dann sollten Sie ihm klarmachen, dass es für die Effektivität der Arbeit eine große Rolle spielt, wenn es auch mal eine Rückmeldung gibt und der Chef sich lobend äußert. Wenn das nichts bringt, dann ist es empfehlenswert, offensiver zu werden und einfach mal zu fragen, warum der Chef nicht lobt.

Auch alternativ einen Plan für die weitere Karriere auszuarbeiten, kann hilfreich sein. Wenn dem Chef dieser Plan vorgestellt wird und er erkennt, wie ernst das Karrieredenken ist, dann wird er vielleicht seinen Kurs korrigieren, denn einen guten Mitarbeiter, der auch bei der Konkurrenz arbeiten könnte, möchte kein Chef verlieren. Manchmal muss man Anerkennung einfordern, aber es sollte sich stets nur auf der beruflichen Ebene abspielen. Wenn Sie Ihren Chef auf privatem Sektor um ein persönliches Lob bitten, dann gehen Sie immer das Risiko ein, als Heulsuse und als Weichei zu gelten.

Kapital 13:
Sechs nützliche Tipps,
wie man den Büroalltag überlebt

Rein statistisch gesehen ist die Wahrscheinlichkeit recht hoch, dass der Chef ein ausgemachter Dummkopf ist, daher müssen immer Wege gesucht werden, wie Sie den Chef entweder nach den eigenen Wünschen und Vorstellungen erziehen oder ihn komplett ignorieren. Das mit dem Ignorieren funktioniert vielleicht eine Weile ganz gut, aber auf Dauer ist es nicht förderlich für den Betriebsfrieden. Erziehung ist daher die bessere Alternative. Die Fachwelt hat einen Ausdruck für dieses Vorhaben und nennt es »Upward Management« oder Vorgesetztenmanagement.

Wenn es um die Erziehung eines Vorgesetzten geht, dann sollten Sie nie vergessen, dass Chefs auch nur Menschen sind, wenn auch eine ganz besondere Spezies. Menschen sind anfällig für Schmeicheleien aller Art, und wenn Sie es schaffen, aus dem Stand Aufmerksamkeit zu simulieren, dann können Sie den Chef durchaus dahin bekommen, wo er sein sollte. Auch Komplimente sind eine gute Taktik, jedoch sollten Sie es nicht übertreiben, denn das kann der Chef durchschauen und Sie stehen sehr schnell als Schleimer da.

Tipp 1: Wie Sie den Chef beeindrucken können
Den Chef zu seinen Tätigkeiten zu beglückwünschen, kann nie falsch sein, und wenn diese Glückwünsche gut ankommen, dann können Sie langsam, aber sicher dazu übergehen, dem Boss ein wenig zu schmeicheln. Aber Vorsicht, ein Vergleich mit Steve Jobs oder Bill Gates sollte nur dann ausgesprochen werden, wenn er etwas macht, das den eigenen Interessen entgegenkommt. Jeder Chef ist beeindruckt, wenn seine Angestellten Parallelen zu zwei so berühmten Männern ziehen. Der Chef, der sich nicht beeindruckt zeigt, der weiß entweder nicht, wer Gates oder Jobs sind, oder er ist immun gegen jede Art von Schmeicheleien.

Tipp 2: Wie es mit der Gehaltserhöhung klappt
Es gibt keine bessere Methode, den Chef in Panik zu versetzen, als nett und freundlich zu ihm zu sein. Wenn Sie aus heiterem Himmel den Chef auf ein Stück Kuchen oder eine Tasse Kaffee einladen, dann erreichen

Sie mit dieser Einladung, dass der Chef ins Grübeln kommt, denn für ihn gibt es nur drei Gründe, warum diese Einladung ausgesprochen wurde:

- Der Mitarbeiter will kündigen und sucht nach einem Vorwand, um mir die Meinung zu sagen.

- Der Mitarbeiter weiß etwas über mich und will mich jetzt damit erpressen.

- Der Mitarbeiter hat erkannt, was für ein mieser Chef ich bin und will mir die Meinung geigen.

Wenn der Chef dann aber feststellt, dass nichts von diesen drei Befürchtungen wahr wird, wird ihm ein Stein vom Herzen fallen und er wird vielleicht echte, freundliche Zuneigung spüren. Genau dann ist der richtige Moment gekommen, um ihn auf eine kleine Erhöhung des Gehalts anzusprechen, denn in diesem Moment ist er völlig wehrlos.

Tipp 3: Wie Sie mehr Beachtung finden
In jedem Büro blüht immer irgendwo ein Mauerblümchen ganz im Stillen vor sich hin. Natürlich möchte niemand dieses Mauerblümchen sein, aber komischerweise haben immer die Kollegen diese undankbare Rolle, die besonders hart und fleißig arbeiten. Harte Arbeit macht immer unsichtbar, daher ist es besser, hart daran zu arbeiten, Beachtung zu finden. Eine bewährte Methode ist es, stets mit guten Ideen zu glänzen (auch wenn es vielleicht nicht die eigenen sind). Wichtig ist es, den Verdienst für eine zündende Idee für sich selbst zu beanspruchen, denn nur das kann einen Chef davon überzeugen, dass man unverzichtbar ist.

Tipp 4: Wie man Stress vermeidet
Stress kann förderlich für die Kreativität sein, wenn er positiv ist. Wird Stress aber negativ, dann wird es gefährlich, vor allem dann, wenn der Chef derjenige ist, der für den Stress sorgt. Um diesen hausgemachten Stress zu vermeiden, kann es hilfreich sein, erst richtig Stress zu machen. Den Chef mit immer neuen Fragen in den Wahnsinn zu treiben, ist nur eine Möglichkeit, um den Stresspegel ordentlich zu erhöhen. Auch wenn Sie ihn verunsichern und behaupten, Sie haben die wichtigen Unterlagen garantiert nicht von ihm bekommen, dann sorgt das sehr schnell für

sehr viel Stress. Allerdings müssen Angestellte, die ihren Chef unter Stress setzen wollen, dicke Nerven haben und einiges aushalten können, denn bekanntlich sucht der Chef die Schuld zunächst immer bei anderen, bevor er sich auf sich selbst besinnt.

Tipp 5: Wie man einen Langweiler wieder los wird
Es gibt Chefs, die sind einfach nur langweilig, auch wenn sie sich selbst als die größten Entertainer sehen. Spätestens dann, wenn der Boss sich auf die Schreibtischkante setzt und anfängt, Witze zu erzählen, über die außer ihm niemand lachen kann, dann kostet das nicht nur Arbeitszeit, sondern auch kostbare Lebenszeit. Ganz falsch ist es in dieser Situation, über die Witze zu lachen, denn das wird ihn nur noch mehr ansporen und er wird sich jeden Tag auf der Kante des Schreibtischs einfinden, um noch mehr flache Witzen zum Besten zu geben. Um den Chef von weiteren Versuchen abzuhalten, kann es nicht schaden, wenn Sie erwähnen, dass Sie mit eher oberflächlichen Menschen nichts anzufangen wissen und stattdessen lieber tief gehende Gespräche führen. Natürlich sollten Sie das nicht direkt sagen, sondern es wie ein Gespräch mit dem Kollegen aussehen lassen, aber es sollte laut genug sein, damit der Chef es auch mitbekommt.

Tipp 6: Wie Sie dem Chef beibringen, richtig zu telefonieren
Richtig telefonieren ist für manche Chefs offensichtlich eine große Kunst. Er ruft zum Beispiel einen seiner Mitarbeiter an, und nach wenigen Minuten klingelt auf der anderen Leitung oder auch am Handy ein Golfkumpel, mit dem unbedingt die letzte Runde auf dem Green besprochen werden muss. In der Regel bekommt der Mitarbeiter dann den Satz zu hören: »Bleiben Sie mal eine Sekunde dran, ich bin gleich wieder für Sie da«, und nur wer zu viel Zeit und zu viel Angst vor dem Boss hat, der bleibt die Sekunde, die gut und gern auch mal eine halbe Stunde sein kann, in der Leitung. Um dem Chef den richtigen Umgang mit dem Telefon beizubringen, sollten Sie einfach auflegen, nachdem der berühmte Satz gefallen ist. Das kostet im ersten Moment vielleicht Mut, aber es zahlt sich aus. Wenn es etwas Wichtiges war, dann wird sich der Chef noch mal melden, wenn nicht, dann fällt es nicht auf, dass das Gespräch beendet wurde. Ganz Wagemutige können den Satz aber selbst aussprechen, wenn der Chef am anderen Ende ist, und dann in aller Ruhe erst mal Kaffee kochen gehen.

Kapital 14:
Den Chef richtig managen

Den Chef richtig managen ist keine Erfindung der heutigen Zeit. Schon im vorigen Jahrhundert wurde viel unternommen, um den Vorgesetzten positiv zu stimmen und ihn durch das eigene Verhalten in die richtige Richtung zu lenken. Aber damals waren andere Tugenden bei der Arbeit gefragt, wie zum Beispiel die stete Anwesenheit im Büro und eine absolute Loyalität dem Chef gegenüber. Aus diesen noch preußisch anmutenden Prinzipien sind feste Regeln entstanden, die leider auch heute noch Anwendung finden. Jedoch haben sich die Zeiten drastisch geändert und es gibt fünf Regeln, die heute ein Mythos sind, von dem Sie sich ganz schnell verabschieden sollten. Wenn Sie das nicht tun, dann wird das Ihrer Karriere mehr schaden, als Ihnen lieb ist.

• **Mythos Nummer 1: Immer vor dem Chef im Büro sein**

Überpünktlichkeit ist eine Tugend, die heute kaum noch Bedeutung hat. Früher war es selbstverständlich, vor dem Chef im Büro zu sein, um ein großes Engagement für das Unternehmen zu demonstrieren. Dieses unterwürfige Verhalten hatte die Botschaft: Ich bin sehr fleißig und auf mich kann der Chef immer zählen.

Jahresarbeitszeitkonten und fließende Arbeitszeiten sorgen dafür, dass der Chef in einem mittelständischen oder großen Unternehmen kaum noch eine Übersicht hat, wer wann an seinem Schreibtisch sitzt. Auch die weltweite Vernetzung im digitalen Zeitalter rückt andere Prioritäten in den Vordergrund und die Chefs von heute haben längst andere Interessen. Der Chef möchte, dass die Aufgaben fristgerecht und immer optimal ausgeführt werden. Kundenbeziehungen müssen optimiert werden und die Zusammenarbeit im Team sollte funktionieren. Jedes Mitglied in einem Team muss aktiv mitarbeiten und einen Erfolg kann es nur dann geben, wenn alle ihre besten Leistungen und ihre Ideen beisteuern.

Auch die Kommunikation zwischen Chef und Angestellten hat sich geändert. Heute wird der Chef per Mail oder SMS informiert, demütig vor dem Schreibtisch stehen muss keiner mehr. Wenn Sie mal am Wochenende gearbeitet haben, dann teilen Sie Ihrem Chef mit, dass er sicher auch der Meinung ist, dass sich diese Extrastunden gelohnt haben. Durch die Blume geben Sie ihm so zu verstehen, dass Sie gern Ihre Überstunden abfeiern wollen.

- **Mythos Nummer 2: Es gibt keine schlechten Nachrichten**

Dieser Mythos, dass den Chef keine schlechten Nachrichten erreichen dürfen, stammt wohl noch aus grauer Vorzeit, wo der Bote, der die schlechten Nachrichten überbrachte, einen Kopf kürzer gemacht wurde. Aber noch heute blockiert die bewusste oder auch die unbewusste Angst viele Aufstiegsträume, dass eine schlechte Nachricht oder eine ungeschickte Äußerung die eigene Karriere behindern könnte. Die Botschaft in diesem Fall lautet: Das Wohlbefinden meines Chefs steht bei mir an erster Stelle, denn nur so bleibe ich beliebt.

Durch Konferenzschaltungen, soziale Netzwerke und Mails werden Neuigkeiten und Informationen aller Art in Sekundenschnelle rund um den Globus geschickt. Den Chef bei dieser Informationsflut noch vor schlechten Nachrichten schützen zu wollen, ist falsches Chefmanagement. Wenn Sie ihm die schlechten News nicht überbringen, wird es garantiert ein anderer tun, und Sie stehen dann in einem eher ungünstigen Licht.

Zeigen Sie Ihrem Chef Ihr Verantwortungsbewusstsein, informieren Sie ihn auch über nicht so günstige Nachrichten und bieten Sie gleichzeitig an, an der Lösung des Problems mitzuarbeiten, denn das wird Ihnen Pluspunkte einbringen.

- **Mythos Nummer 3: Die Beliebtheit ständig ankurbeln**

Hinter diesem Mythos verbirgt sich der Wunsch des Angestellten, immer darum bemüht zu sein, in der Gunst und dem Wohlwollen des Chefs zu steigen. In früheren Zeiten, als der Chef in der Regel auch der Inhaber einer Firma war, der allein über das Weiterkommen der Angestellten bestimmte, war ein solches Verhalten noch nachvollziehbar. Die Botschaft lautete damals wie heute aber: Wenn ich nett zu meinem Chef bin, dann ist mein Chef auch nett zu mir.

In der heutigen Zeit gilt die Loyalität nicht mehr einer einzelnen Person, sondern einem Unternehmen. Die Führungskraft ist jederzeit austauschbar und kann, wie die Angestellten auch, ersetzt werden. Damit ist der Status des allmächtigen Vorgesetzten endgültig passé, und sich blind auf eine Seite schlagen ist nicht mehr populär und zeitgemäß. Es kann der Zusammenarbeit mit dem Kollegen schaden und die Teambildung erheblich schwerer machen, wenn einer im Team sich für den Liebling des Chefs hält oder diese »Stellung« anstrebt.

Auch ein Chef hat das Recht auf eine faire Behandlung, und daher ist es keine so gute Idee, sich ständig über ihn zu beklagen. Sicher hat der eine oder andere Chef Eigenschaften, die stören, aber einen Tunnelblick zu bekommen und ihn nur in den Himmel zu heben ist auch nicht der richtige Weg. Wenn es angemessen ist, loben Sie Ihren Boss, auch ganz offen im Team, aber übertreiben Sie es nicht.

- **Mythos Nummer 4: Niemals Gefühle zeigen**

Gefühle zu zeigen gilt in der eher sachlich orientierten Geschäftswelt als ein Zeichen von Schwäche, denn dort bleibt keine Zeit für Emotionen jeglicher Art. Es besteht immer die große Gefahr, dass während eines Wutausbruchs etwas gesagt wird, was man später bereut, aber auf diese Weise werden Gefühle auch unterdrückt. Die Botschaft in diesem Fall lautet: Nur wer sachlich bleibt, der wird auch vorankommen.

EQ oder die emotionale Intelligenz ist in der heutigen Welt kein Fremdwort mehr und Gefühle gehören schon lange zu den Ressourcen, die geschätzt werden. Zudem sind nicht die Gefühle das große Problem, ein Problem ist nur der Umgang mit ihnen. Wenn Sie Ihre Gefühle ständig unterdrücken, dann riskieren Sie unter Umständen ein Magengeschwür oder andere physische Beschwerden. Nutzen Sie Ihre Gefühle lieber, um auf etwas aufmerksam zu machen, was nicht ganz so gut läuft, und sagen Sie offen, wenn Sie frustriert oder verärgert sind. Allerdings sollten Sie das immer sachlich tun, ohne dabei die Nerven zu verlieren. Konzentrieren Sie sich auf das Ziel, das Sie erreichen möchten, und bitten Sie dabei Ihren Chef um seine Unterstützung.

- **Mythos Nummer 5: Den Chef nach allen Seiten abschirmen**

Hierarchiedenken war lange Zeit in deutschen Unternehmen sehr ausgeprägt und ist heute ein längst überholtes Relikt. Vorbei sind die Zeiten, als der mächtige Vorsitzende von allen Trivialitäten, Kleinigkeiten und Angelegenheiten der Angestellten abgeschirmt werden musste. Früher wurde der Chef abgeschirmt, damit er sich voll und ganz um das Wohl des Unternehmens kümmern konnte, und das Motto lautete: Es gibt Dinge, die der Chef nicht erfahren soll und muss.

Wenn Sie heute Ihrem Chef, aus welchen Beweggründen auch immer, eine Information vorenthalten, dann schaden Sie dem Team, dem Unternehmen und letztendlich auch sich selbst. Die heutige Globalisierung setzt ein vernetztes Arbeiten ebenso wie ein hohes Maß an Transparenz über das Wissen voraus, was jeder im Team hat. Eine auf den ersten Blick vielleicht unscheinbare Kleinigkeit kann entscheidend für ein gutes Geschäft sein.

Eine reibungslose Kommunikation ist in der heutigen Geschäftswelt ungemein wichtig, und das heißt auch, dass Sie ein gutes zeitliches Gefühl dafür entwickeln müssen, wann Ihr Chef für eine Information zugänglich ist und welche Information für ihn von besonderem Wert ist. Allerdings sollten Sie ihm nicht immer und sofort alles mitteilen, denn das kann je nach Temperament des Chefs den Ablauf der Arbeit empfindlich stören. Wichtig ist, dass Sie den Austausch von Informationen gut koordinieren und strukturieren, auch innerhalb Ihres Teams.

Kapital 15:
Gibt es den perfekten Chef?

Es wird sehr wahrscheinlich keinen Arbeitnehmer geben, der von sich behaupten kann: Ich habe den perfekten Chef. Die überwiegende Mehrheit hat etwas am Chef auszusetzen, weil er vielleicht ein Pedant oder ein Blender, ein echter Kontrollfreak oder ein fieser Ausbeuter ist. Ein bunter Strauß von merkwürdigen Typen hat es sich in den deutschen Chefsesseln bequem gemacht, und nicht selten bedeutet das für die Mitarbeiter, dass sie Tag für Tag durch die Hölle gehen. Mittlerweile ist das schlechte Verhältnis zum Vorgesetzten der Kündigungsgrund Nummer eins, und oftmals ist auch der Jobwechsel keine gute Lösung, denn dort gibt es eine andere Sorte Chef und alles geht von vorn los. Eine bessere Wahl ist es, wenn Sie sich den Chef nach Ihren Vorstellungen zurechtbiegen, und das funktioniert mit einigen wenigen Tricks in der Regel ganz einfach.

Wie würde der perfekte Chef aussehen, wenn die Arbeitnehmer die Wahl hätten? Dieser Chef wäre ein Mensch …

- der gut mit anderen Menschen umgehen kann.

- der immer offen ist für neue Vorschläge.

- der seine Mitarbeiter inspiriert und motiviert.

- der selbst auch Fehler macht.

- der tolerant gegenüber den Fehlern der Mitarbeiter ist.

- der im richtigen Moment die Zügel in die Hand nimmt.

- der keinen unnötigen Druck ausübt.

- der keine Angst und keinen Schrecken verbreitet.

- der immer ein offenes Ohr für die Sorgen seiner Angestellten hat.

Natürlich gibt es diese Mischung aus Superman, Gandhi und Vater nicht, aber die meisten Arbeitnehmer wären schon zufrieden, wenn ihr Chef wenigstens eine dieser Eigenschaften besitzen würde.

Der Chef im richtigen Leben überzeugt mit Unwissenheit, er manipuliert nach Bedarf seine Mitarbeiter, er ist ständig nur auf seinen eigenen Vorteil bedacht und er sorgt für Chaos, das andere dann für ihn wieder beseitigen dürfen. Sein Führungsstil stützt sich auf sein unerschütterliches Selbstbewusstsein, er ist zutiefst von sich selbst überzeugt und hält sich für ein Geschenk Gottes auf Erden, kurz, er ist ein echter Stromberg.

Wie strapaziös ein Chef sein kann, das hängt auch mit der eigenen Persönlichkeit zusammen, denn je mehr Dinge Sie mit Ihrem Chef gemeinsam haben, umso besser werden Sie auch mit ihm auskommen. Lieben Sie die Ordnung und haben Sie vielleicht sogar einen Hang zur Pedanterie? Dann wird Ihnen ein pedantischer Vorgesetzter nichts ausmachen. Lieben Sie aber das Chaos, dann wird Ihr Arbeitsverhältnis zu Ihrem Chef nicht sehr einfach sein. Jedoch gibt es auch eine gute Nachricht, denn wenn Sie wenig bis gar nichts mit Ihrem Boss gemeinsam haben, dann ist das nicht weiter schlimm, denn Sie können lernen, mit allen Cheftypen gut auszukommen, Sie können sich Ihren Chef nach Ihren Wünschen erziehen.

Kapital 16:
Wie gelingt es, den Chef in Schach zu halten?

Es bringt nicht viel, sich immer wieder über die Entscheidungen und das Verhalten des Chefs zu ärgern oder über einen Jobwechsel nachzudenken. Sparen Sie sich lieber die Energie, drehen Sie den Spieß zur Abwechslung mal um und manipulieren Sie Ihren Boss. Dieses Führen von unten nennt sich Cheffing, und die wichtigste Regel ist: Lernen Sie Ihren Chef zu verstehen, erforschen Sie, wie er tickt, und analysieren Sie sein Verhalten und seine Person.

Das müssen Sie tun:

- Zeigen Sie immer Interesse, denn Menschen, die in Führungspositionen arbeiten, sind nicht selten sehr einsam. Ihre Position erlaubt im beruflichen Umfeld keine Freundschaften, denn wenn die Beziehung zu eng wird, dann geht die Autorität verloren und das könnte der Konkurrenz Vorteile verschaffen. Aber fast jeder Mensch ist von Natur aus ein soziales Wesen und diese Eigenschaften müssen Sie nur geschickt ausnutzen. Zeigen Sie Interesse am Leben Ihres Vorgesetzten, aber werden Sie niemals zu persönlich. Es spricht jedoch nichts dagegen, wenn Sie sich nach seinem Ferienziel oder seiner Lieblingsoper erkundigen.

- Loyalität ist immer eine gute Waffe, wenn Sie Ihren Chef erziehen möchten. Seien Sie ein loyaler Mitarbeiter, denn ob Ihr Chef Sie fördert oder nicht, das hängt nicht von Ihren Fähigkeiten ab, sondern vor allem davon, wie sehr er Ihnen vertrauen kann. Wenn sich der Chef immer wieder fragen muss, ob Sie ihm nicht gerade in den Rücken fallen, dann wird er Ihnen das Leben schwer machen, denn seine eigene Position wird er auf gar keinen Fall gefährden.

- Rücken Sie Ihren Boss ins rechte Licht, denn wenn er eine gute Figur macht, dann wird sich das immer positiv auf Ihre Arbeit und auf Ihre Stellung im Team auswirken. Sorgen Sie dafür, dass Ihr Chef mit einer Arbeit brillieren kann, denn dann werden Sie unter Garantie Ihren Wert in den Augen Ihres Chefs enorm steigern können.

- Auch ein Chef braucht mal ein Lob, denn er ist, wie schon erwähnt, auch nur ein Mensch, und jeder Mensch freut sich über Lob und Anerkennung. Was Sie allerdings nicht machen sollten, ist, mit der Lobhudelei zu übertreiben, denn das könnte Sie wie einen Schleimer aussehen lassen. Mit einem Lob an der richtigen Stelle zeigen Sie Ihrem Chef Ihre Wertschätzung, ohne dabei persönlich zu werden.

- Der Chef sollte immer im Hinterkopf haben, dass die Zusammenarbeit mit Ihnen auf Gegenseitigkeit beruht, denn Sie stehen in einem Abhängigkeitsverhältnis zueinander. Machen Sie sich daher den eigenen Wert bewusst, denn das Wissen darum, dass Ihr Chef Sie braucht, kann Ihnen dabei helfen, sich selbstbewusster zu präsentieren und Grenzen abzustecken.

- Kritik am Chef ist eine sehr heikle Sache, aber es kommt auch immer darauf an, wie diese Kritik verpackt wird. Machen Sie sich einfach zum Berater Ihres Vorgesetzten, denn in seiner Stellung hat der Chef meist wenig Kontakt mit dem alltäglichen Geschäft. Das kann sich in seinen Entscheidungen widerspiegeln. Geben Sie ihm daher immer ein Feedback, wie seine Entscheidungen angekommen sind. Sprechen Sie mit Ihrem Boss zum Beispiel über Probleme beim Arbeits- und Zeitaufwand und die eventuellen Auswirkungen dieser Probleme. Wenn Sie den richtigen Ton treffen, dann kann das vorteilhaft für Sie sein.

- Argumentieren Sie so, dass es im Sinne Ihres Vorgesetzten ist, aber bedenken Sie bei Ihren Vorschlägen, welchen Vorteil Ihr Chef daraus ziehen kann. Diesen Vorteil können Sie dann nutzen, um ihn geschickt auszuspielen, denn damit legen Sie einen geschickten Köder für den Chef aus. Ob und wie Sie dieser Vorschlag letztendlich auf persönlicher oder beruflicher Ebene weiterbringt, spielt in diesem Zusammenhang keine Rolle.

Es gibt aber auch einige Dinge, die Sie auf gar keinen Fall tun sollten, wenn Sie Ihren Chef nach Ihren Vorstellungen erziehen und manipulieren möchten:

- Was Sie niemals tun sollten, ist, Ihren Chef zu blamieren, selbst dann nicht, wenn er nur aus Unfähigkeit zusammengesetzt ist und ständig nur Blödsinn von sich gibt. Stellen Sie ihn nie vor den Kollegen bloß, denn das wird das empfindliche Ego Ihres Vorgesetzten sehr verletzen. Wenn Sie Ihren Chef in eine peinliche Situation bringen, dann wird er sich garantiert an Ihnen rächen wollen und die nächstbeste Gelegenheit wahrnehmen, um es Ihnen heimzuzahlen. Sie können sich auch ohne viel Fantasie ausmalen, dass ein solches Verhalten Ihrer Karriere nicht dienlich ist, denn Sie dürfen nie vergessen, dass der Chef immer am längeren Hebel sitzt.

- Offenheit ist sehr wichtig, wenn Sie Ihren Chef richtig erziehen wollen. Daher sollten Sie es immer vermeiden, Ihren Chef hinter seinem Rücken zu beeinflussen. Wenn Sie das versuchen, dann bekommt Ihr Chef früher oder später das Gefühl, dass Sie seine Entscheidungen zu sehr manipulieren, und er wird den Verdacht haben, dass Sie seine Autorität untergraben wollen. Das würde Ihnen jede Möglichkeit verbauen, auch zukünftig auf ihn Einfluss zu haben.

- Kommen Sie nicht auf die fatale Idee, die Erfolge Ihres Vorgesetzten als die eigenen auszugeben. Noch schlimmer wäre es, wenn Sie sich damit dann auch noch brüsten und behaupten, dass Sie die entscheidenden Weichen gestellt hätten. Das wäre ein sehr unfaires Verhalten, was kein Chef dulden würde. Wenn Sie einen Erfolg für sich reklamieren möchten, dann stellen Sie besser Ihr gesamtes Team in den Vordergrund.

Kapital 17:
Alles denken, nichts sagen

Die Gedanken sind bekanntlich frei, aber einen Gedanken einfach auszusprechen, kann im Job sehr gefährlich sein. Ein weiser Chef sieht es immer gern, wenn seine Mitarbeiter mal ganz ehrlich sagen, was sie denken, denn er möchte nicht, dass ihm alle nach dem Mund reden. Diese Chefs, die auch ein negatives Feedback nicht fürchten, sind sehr selten, aber es gibt sie. Nur auf diese Weise können Vorgesetzte vermeiden, dass sie die Bodenhaftung verlieren. Denn auch wenn sie 500.000 Euro im Jahr verdienen und es gewohnt sind, mit einem Budget von mehreren Millionen Euro zu jonglieren, der liebe Gott sind sie dennoch nicht, und ein offenes, ehrliches Wort der Mitarbeiter kann dabei helfen, als Manager auch Mensch zu bleiben. Aber Hand aufs Herz, haben Sie schon einmal einen solchen Chef kennengelernt?

Die meisten Arbeitnehmer trauen sich nicht, gegenüber dem Chef den Mund aufzumachen und ihre Meinung offen zu vertreten. Sie schweigen und lassen alle die falschen Entscheidungen und die vielen Fehltritte des Chefs unkommentiert. Aber wie soll der Chef dann herausfinden, was seine Mitarbeiter wirklich über ihn denken? Kein Mensch kann Gedanken lesen, aber es gibt eine wunderbare Alternative, denn es gibt Gedanken, die kein Mitarbeiter seinem Vorgesetzten wohl jemals ins Gesicht sagen würde, auch wenn für den einen oder anderen die Verlockung manchmal sehr groß sein dürfte. Konzentrieren Sie sich auf die Dinge, die Sie ändern können, wenn Sie es denn auch wollen. Nachfolgend finden Sie 25 Sätze, die Mitarbeiter denken und die jeder Chef kennen sollte, der den Draht zur Belegschaft nicht verlieren will:

- **Sie motivieren mich schon lange nicht mehr.**

Wenn ein Angestellter so denkt, dann hat er innerlich bereits gekündigt und der Chef bekommt es meist erst dann mit, wenn die schriftliche Kündigung auf seinem Tisch liegt. Ein bisschen mehr Aufmerksamkeit ist hier dringend angebracht.

- **Sie spielen hier den großen Filmstar.**

Es sind die jungen Chefs oder diejenigen, die gerade befördert worden sind, die gern mit einem schicken Outfit angeben und jedem vom nagelneuen Auto erzählen, ob er es hören will oder nicht. Natürlich darf sich der Chef diesen Luxus leisten, aber es muss nicht ständig damit vor den Angestellten geprotzt werden.

- **Sie verkennen meine Fähigkeiten vollkommen.**

Dieser Satz kommt sehr häufig von den Mitarbeitern, die eher schweigsam sind. Kluge Chefs schenken diesen Mitarbeitern ihre Aufmerksamkeit und nicht dem Dummschwätzer der Abteilung. Manchmal sind es die Mauerblümchen, die nützlicher sein können.

- **Sie und Ihr lückenhaftes Feedback sind keine große Hilfe.**

Chefs, die die Leistungen ihrer Mitarbeiter würdigen wollen und sie auf Fehler aufmerksam machen möchten, sollten das immer auf eine konstruktive Art und Weise tun und nicht den Dingen immer nur einfach ihren Lauf lassen.

- **Sie sind ein denkbar schlechter Schauspieler.**

Ein Fehler, den viele Chefs gerne machen: Sie verbergen ihren authentischen Charakter und werden zu peinlichen Dauergrinsern, die so durchsichtig wie eine frisch geputzte Fensterscheibe sind. Nur wer authentisch ist, der steht mit seinen Angestellten auf Augenhöhe.

- **Sie sind auch nicht unfehlbar.**

Ehrlichkeit ist etwas, was alle Chefs von ihren Mitarbeitern verlangen, selbst sind sie aber nicht in der Lage, einen Fehler zuzugeben. Wer mit gutem Beispiel vorangeht, der sollte auch den Mut haben, vor der ganzen Abteilung einen Fehler zuzugeben, denn das wird nicht als Schwäche, sondern als verantwortungsvoll ausgelegt.

- **Sie sind schlimmer als mein früherer Chef**

Chefs, die neu in die Abteilung kommen, sollten nicht den Fehler machen und ihren Vorgänger imitieren. Besser ist es, mit dem Team zu besprechen, was in der Vergangenheit gut und was weniger gut gelaufen ist. Optimal ist es, die Stärken dann zu kopieren und die Schwächen auszumerzen, dann muss auch kein Vergleich mehr gemacht werden.

- **Sie trinken Wein, aber Sie predigen Wasser.**

Alles, was Chefs von ihren Mitarbeitern verlangen, das sollten sie auch selbst vorleben. Wer möchte, dass das Team pünktlich und fleißig ist, der muss als Chef auch hier ein Vorbild sein. Etwas verlangen und sich selbst nicht daran orientieren, das ist ein schlechter Stil.

- **Ohne Sie hätten wir die Probleme nicht.**

Gibt es im Team Verbesserungsvorschläge? Dann sollte der Chef immer ein offenes Ohr haben. Nicht selten entstehen durch unterschiedliche Impulse oder Blickwinkel neue, gute Lösungen, auf die einer allein vielleicht gar nicht gekommen wäre.

- **Choleriker wie Sie können wir hier nicht gebrauchen.**

Grundsätzlich gilt: Wer schreit, hat Unrecht, und Chefs, die herumbrüllen, wirken unausgeglichen und wenig professionell, aber nicht mächtig und stark, wie sie vielleicht denken. Auch im Büro gilt: Der Ton macht die Musik und wie es in den Wald hineinschallt, so schallt es auch wieder heraus.

- **Sie sind mein Kumpel und ich kann mir Fehler ruhig mal erlauben.**

Ein zu lässiger Führungsstil kann sehr schnell sehr viele Probleme mit sich bringen, und Chefs, die nicht möchten, dass die Mitarbeiter den Respekt verlieren, sollten als Chef und nicht als Buddy auftreten.

- **Sie können es auch nicht besser als ich.**

Chefs, bei denen der Eindruck entsteht, dass sie nichts als große Reden schwingen können, sind bei ihren Mitarbeitern schnell unten durch. Wer einen guten Eindruck machen will, der muss auf der Höhe der Zeit sein, sich ständig weiterbilden und jeden Tag seinen Job gut machen, denn das verschafft Respekt.

- **Sie machen Unterschiede zwischen männlichen und weiblichen Mitarbeitern.**

Auch wenn es bei Herrn Stromberg normal ist, Sexismus sollte in jedem Büro ein absolutes Tabu sein, und das gilt für Damen wie auch für Herren. Selbst wenn es subtile Kleinigkeiten sind, sie sollten auf gar keinen Fall geduldet werden.

- **Sie verschaffen ihren Lieblingen Vorteile.**

Man kennt das aus der Schule, wo jeder wahrscheinlich mal das Gefühl hatte, dass der Lehrer bestimmte Klassenkameraden bevorzugt hat. In den meisten Büros ist das nicht anders und das Verhalten ist nur allzu menschlich. Ein guter Chef lässt sich ebenso wenig wie ein guter Lehrer von diesen Vorwürfen irritieren, denn der Chef weiß, was er an einem guten Mitarbeiter hat.

- **Sie weisen mir immer ein Team von Dilettanten zu.**

Ein Team richtig zusammenzustellen, das effektiv arbeiten soll, ist eine hohe Kunst, die viel Fingerspitzengefühl verlangt. Kluge Chefs notieren sich, welches der Teams besonders gute Ergebnisse liefert und wer in einem Team überhaupt nicht zueinanderpasst. Bei dieser Frage sollte der Chef vor allem darauf achten, dass man einen echten Individualisten nicht in ein Team zwingen kann.

- **Sie können keine Verantwortung übernehmen.**

Der Vorwurf, dass der Chef keine Verantwortung übernehmen will, wenn ein Projekt scheitern sollte, wiegt schwer. Hier gilt: Wer den Triumph genießen möchte, der muss auch die Schmährufe aushalten können.

- **Ihr Stil ist viel zu autoritär.**

Manchmal muss ein Chef auch streng sein, denn das hilft dabei, die Arbeit effektiver zu gestalten und die Produktivität zu erhöhen. Einen Diktator im Büro möchte aber niemand haben, denn nach dem heutigen Verständnis ist das ein No-Go.

- **Sie sind unsympathisch und eine echte Arbeitsmaschine.**

Ein Chef, den die Angestellten als eine unsympathische Arbeitsmaschine sehen, kommt nur sehr schwer wieder aus dieser undankbaren Rolle heraus. Mitunter reicht schon ein kleiner Smalltalk mit den Mitarbeitern, um das Bild wieder zurechtzurücken, und auch ein echtes persönliches Interesse kann sehr hilfreich sein, um Sympathiepunkte zu sammeln.

- **Sie sehen das Team nur als ein Karrieresprungbrett.**

Nach Höherem zu streben, ist keine Schande, nur wenn die Mitarbeiter das deutlich zu spüren bekommen, dann wird es peinlich. Der Fokus sollte daher immer auf der aktuellen Arbeit liegen, selbst dann, wenn noch ein heißeres Eisen im Feuer liegt.

- **Nie sehen Sie den einzelnen Mitarbeiter, immer nur das Team.**

Kollektivstrafen sind nicht sonderlich effizient, daher sollte nie das ganze Team für einen Fehler bestraft werden, den ein Einzelner begangen hat. Für eine gute Zusammenarbeit ist es sehr wichtig, dass auch die individuellen Leistungen der Mitarbeiter angesprochen werden.

- **Sie schaffen es nicht, Ziele klar zu definieren.**

Ein Chef, der unsicher ist, macht es seinem Team sehr schwer, denn Ziele, die gemeinsam verfolgt werden, sollten ebenso detailliert wie auch unmissverständlich angesprochen werden. Chefs, die nicht in der Lage sind, eine konkrete Richtung vorzugeben, können ihr Team nur rein zufällig auf dem Gipfel treffen.

- **Sie sind zu sprunghaft.**

Ein sprunghaftes Verhalten ist Gift für die Zusammenarbeit, denn die Mitarbeiter können die Richtung, die der Chef hat, nicht ausrechnen. Ein Chef, der konsequent handelt, gibt dem Team Sicherheit und macht es leichter, ein angestrebtes Ziel zu erreichen.

- **Meine Karriere interessiert Sie nicht.**

Wer als Chef das Vertrauen seiner Mitarbeiter gewinnen will, der sollte auch ein Mentor sein, Interesse zeigen, die Mitarbeiter bei ihren Vorhaben unterstützen, denn dieses Verhalten hilft dabei, Vertrauen aufzubauen.

- **Ihr Druck macht die Arbeit schwer.**

Wenn es Deadlines gibt, dann müssen diese auch eingehalten werden. Falsch ist es hingegen, die Mitarbeiter über diese Deadlines nicht frühzeitig zu informieren. Ein fairer Chef wird so viel Zeit zur Verfügung stellen, wie eben notwendig ist, und selbst mitarbeiten, damit ein Termin auch wirklich gehalten werden kann.

- **Sie fallen dem Team in den Rücken.**

Ein Chef, der vor seinen Chefs kuscht oder, noch schlimmer, der bei jeder sich bietenden Gelegenheit das Team in die Pfanne haut, der ist nicht nur unbeliebt, der wird sehr schnell zu einem Mobbingopfer. Gute Chefs boxen für ihr Team auch mal eine Sache durch, selbst wenn es dem Vorstand nicht passt, und dieses entschlossene Engagement wissen die Mitarbeiter zu schätzen.

Kapital 18:
Es gibt sie, die richtig miesen Chefs

Jeder Chef nervt irgendwann einmal, aber wenn sich seine Marotten in Grenzen halten, dann können die Mitarbeiter gegensteuern und ihren Boss auch erziehen. Aber es gibt auch richtig miese Chefs, die mit Wonne jeden vernünftigen Chef in Verruf und die Mitarbeiter langsam, aber sicher um den Verstand bringen können.

Noch immer ist die Höhe der Gehälter, die in einem Unternehmen gezahlt werden, ein gut gehütetes Geheimnis. Dabei kann das Gehalt einen sehr großen Einfluss auf den Betriebsfrieden haben. Wenn der Chef zum Beispiel einen bestimmten Kollegen sehr großzügig mit Prämien versorgt, und das, obwohl die anderen die Arbeit machen, dann sorgt das für großen Unmut und ist eine sichere Bremse für die Leistung des ganzen Teams. Das Gehalt sollte immer ein Ausdruck für die Wertschätzung sein, und wer Überdurchschnittliches leistet, der sollte auch entsprechend entlohnt werden, denn sonst kann es passieren, dass nur noch Dienst nach Vorschrift gemacht wird.

Auch ein Chef, der seine Mitarbeiter ständig verunsichert, ist ein mieser Chef. Da helfen auch alle die tollen Fachausdrücke wie »Downsizen«, »Change Management« oder »Outsourcing« nicht weiter, denn dabei handelt es sich lediglich um hässliche englische Begriffe für ebenso hässliche Handlungen. Ganz böse wird es, wenn der Chef die Unsicherheit im Betrieb auch noch kräftig anheizt, und das vielleicht nur, weil er seinen Hunger nach Macht stillen will. Mitarbeiter, die um ihre Existenz bangen müssen, können weder produktiv noch kreativ arbeiten.

Chefs, die eine destruktive Stimmung in den eigenen Reihen möchten, die sollten es mal mit Vetternwirtschaft versuchen. Vorgesetzte, die keinen Hehl daraus machen, dass sie bestimmte Favoriten haben, sind nicht nur sehr unbeliebt, sie sind auch schlechte Chefs. Wer nur danach streben muss, die Gunst des Chefs zu behalten, der sollte sich einen neuen Chef suchen, alles andere wäre zu nervenaufreibend.

Kennen Sie das Peter-Prinzip? Dieses Prinzip beschreibt einen Aufstieg bis zu einem Punkt der kompletten Inkompetenz. Es gibt tatsächlich Chefs in den Vorständen, die trotz einer deutlich sichtbaren Inkompetenz dank einer funktionierenden Hierarchie immer weiter befördert werden. Ein inkompetenter Chef, der dank Beziehungen auf seinen Posten gekommen ist, entpuppt sich meist sehr schnell als ein richtig mieser Boss.

Jedes Jahr landen sehr viele Fälle von Mobbing vor den Arbeitsgerichten und sie sind die Bestätigung, dass es wirklich fiese Typen gibt, die es zum Vorgesetzten geschafft haben. Diese Chefs hat kein Arbeitnehmer verdient. Wenn Sie an einen solchen Chef geraten, vergessen Sie ganz schnell die Erziehungsversuche, kehren Sie Ihrem Chef den Rücken und suchen Sie sich eine neue Stelle.

Kapital 19:
Sätze, die nur schlechte Chefs sagen

Stellen Sie sich vor, Sie haben gerade eine neue Stelle angetreten und möchten mehr über Ihren Vorgesetzten erfahren. Sie können natürlich die Kollegen fragen, aber Sie würden zum einen sehr unterschiedliche Meinungen hören und zum anderen wollen Sie vielleicht nicht gerade mit der Tür ins Haus fallen. Wenn Sie wissen möchten, mit wem Sie es in Zukunft im Büro zu tun haben, dann müssen Sie einfach nur darauf achten, was Ihr Chef so sagt. Es gibt nämlich Sätze, die darüber Auskunft geben, ob Sie an einen guten oder an einen weniger guten Chef geraten sind. Sollte es sich um ein weniger gutes Exemplar handeln, dann können Sie das an folgenden Sätzen erkennen:

»Sie können froh sein, dass Sie diesen Job überhaupt haben.«
Sollte Ihr Chef diesen Satz sagen, dann ist das eine ausgemachte Frechheit und gleichzeitig eine Art Boykotterklärung Ihres Chefs, der leider keine Ahnung davon hat, wie man Menschen führt. Alle Mitarbeiter, die in Angst leben müssen, können nicht produktiv sein und sie machen auch keine klugen Vorschläge oder arbeiten innovativ.

»Fürs Denken werden Sie nicht bezahlt.«
Dieser Satz zeigt sehr deutlich, dass der Chef eigentlich keine Menschen, sondern Maschinen um sich herumhaben will. Menschen werden schließlich mal krank, sie machen eventuell sogar Vorschläge und, was vielleicht noch viel schlimmer ist, sie haben am Ende bessere Ideen als der Chef. Immerhin, sie werden für ihre Arbeit bezahlt, und das ist eine Evolutionsstufe höher als die Sklaverei.

»Wenn Sie nicht mehr wollen, ich finde sehr schnell jemanden, der Ihren Job machen will.«
Dieser Satz ist selbst dann sehr dumm, wenn er auf einen faulen und renitenten Mitarbeiter trifft. Aber dieser Satz ist auch eine Kapitulation, denn der Chef, der ihn ausspricht, der gibt unfreiwillig zu, dass er keine Ahnung davon hat, wie man Mitarbeiter motiviert. Wenn sie einem Kollegen gilt, der tatsächlich vollkommen unfähig ist, dann ist diese

drohende Geste auch noch sehr feige. Hier sollte es nur einen Satz geben, und der lautet: Ich kündige Ihnen.

»Ich kann mich momentan nicht darum kümmern, ich bin beschäftigt.«
Mit diesem Satz will der Chef eigentlich sagen: Das Problem ist mir einfach nicht wichtig genug. Auch wenn das zutrifft, so ist es trotzdem ein Affront und auch eine Abwertung des jeweiligen Mitarbeiters. Besser wäre es zu sagen, dass momentan keine Zeit da ist, aber dass es in einer Stunde klappt.

»Wurde Ihnen das auch erlaubt?«
Chefs, die solche Sätze von sich geben, behandeln ihre Mitarbeiter gern wie kleine Kinder, und sie dürfen sich nicht wundern, wenn die Mitarbeiter irgendwann mal das Denken einstellen. Der Chef mag offenbar keine eigenverantwortlichen Menschen, die selbstständig denken und handeln können. Ihm sind diejenigen lieber, die nur als Befehlsempfänger fungieren und denen man kein Vertrauen schenken muss.

»Das war keine Bitte, das war ein Befehl!«
Dieser Satz ist an Respektlosigkeit kaum zu überbieten, denn hier wird ganz klar auf die bestehende Hierarchie gepocht. Wer zu diesem Mittel greifen muss, der hat seine Autorität wahrscheinlich nur geliehen, natürliche Autorität klingt etwas anders. Ein wirklich smarter Chef muss seine Mitarbeiter nicht einmal um etwas Bestimmtes bitten, sein Team sieht, was zu tun ist.

»Ich denke, das ist eher ein persönliches Problem.«
Diese Aussage kann vielleicht sogar zutreffen, aber ein Problem bleibt nun mal ein Problem. Ein Chef hat nicht nur die Verfügungsgewalt, er ist auch für die Mitarbeiter verantwortlich. Das heißt, er muss sich auch um private Probleme kümmern, wenn sie sich auf die Arbeit oder auf das Betriebsklima auswirken. Das ist zum Beispiel der Fall, wenn einer der Mitarbeiter ein Problem mit dem Alkohol hat. Ein Chef, der denjenigen in einer solchen Situation allein lässt, der handelt verantwortungslos, kaltherzig und sozial vollkommen inkompetent.

Das ist nur eine kleine Auswahl an Sätzen, die sehr deutlich darauf hinweisen, welcher Typ Chef da im Büro sitzt. Es geht aber noch schlimmer, wie die folgenden Sätze aus den Akten der Arbeitsgerichte belegen:

»Ich bin mir ganz sicher, dass Sie es weit bringen werden. Es ist daher besser, Sie gehen schon mal.«

»Man möchte Sie zweimal in der Woche wässern, so dumm sind Sie.«

»Reichen Ihnen 24 Stunden am Tag nicht? Dann hängen Sie gleich noch zwei Stunden dran.«

»Wenn Sie nicht über meine Witze lachen, dann sind Sie nicht loyal.«

»Sagen Sie mir, wie hoch das Budget sein soll, und dann sage ich Ihnen, wie Sie ohne auskommen.«

»Ich kann nicht begreifen, wie Sie bei der letzten Personalrationalisierung übersehen werden konnten.«

»Sie sind das Denkmal und ich bin die Taube.«

Kapital 20:
Was gute Chefs sagen

Wenn die Angestellten ihren Chef gut erzogen haben, wenn der Chef seine Lektionen gelernt hat oder wenn er einfach nur ein toller Chef ist, dann wird er anders mit seinen Angestellten kommunizieren. Sollte Ihr neuer Chef die folgenden Sätze sagen, dann können Sie sich gratulieren, denn dann haben Sie einen sehr guten Chef bekommen:

»Ich freue mich, Sie in meinem Team zu haben.«
Lob und Anerkennung in einem Satz – das ist einer der Schlüssel, wenn es um die Zufriedenheit der Mitarbeiter geht. Das Gehalt ist nicht alles, es kommt auch darauf an, als Mitarbeiter geschätzt zu werden. Kein Mensch möchte mehr als notwendig arbeiten, wenn er keine Anerkennung für seine Leistungen bekommt.

»Eine tolle Idee! Genauso machen wir es.«
Loben ist eine hohe Kunst, aber wenn ein Lob richtig formuliert wird, dann ist es eine Labsal für die Seele und dazu noch ein sehr wichtiges Instrument, um das Verhalten von anderen nachhaltig zu verändern. Ein Chef, der die Idee seiner Mitarbeiter nicht nur einfach zur Kenntnis nimmt, sondern sie auch aufgreift und realisiert, der öffnet Herzen und zeigt, wie wichtig ihm die Zusammenarbeit ist.

»Sie haben vollkommen Recht, ich habe falsch gelegen.«
Dieser Satz gehört wohl zu den Sätzen, die nur sehr wenige Angestellte von ihrem Chef zu hören bekommen. Es gibt kaum Vorgesetzte, die zugeben, eine falsche Entscheidung getroffen zu haben, und es gibt noch weniger Chefs, die zugeben, dass der Mitarbeiter alles richtig gemacht hat. Ein Chef, der sich so äußert, der hat viel Größe und er zeigt seinem Mitarbeiter, wie wertvoll seine Mitarbeit ist.

»Ich vertraue Ihnen vollkommen.«
Vertrauen ist der wohl wichtigste Aspekt, wenn es um eine gute Zusammenarbeit geht. Chefs, die kein Vertrauen in die Arbeit ihrer Angestellten haben, sorgen für ein sehr schlechtes Betriebsklima, für hässliche Intrigen und Kontrolle. Mit diesem Verhalten werden keine Talente

gefördert, denn wer intelligente Menschen führen möchte, der sollte sie auch wie intelligente Menschen behandeln. Chefs, die davon ausgehen, dass ihre Mitarbeiter lauter Schwachköpfe sind, die müssen sich auch selbst fragen, wen sie da eingestellt haben.

»Wie denken Sie darüber?«
Wer eine führende Rolle übernehmen will, der darf nicht immer nur reden, sondern muss auch die Richtung vorgeben. Um ein angestrebtes Ziel zu erreichen, muss die Belegschaft mitziehen, und das geht nur, wenn jeder gefragt wird, wie das Ziel erreicht werden kann. Chefs, die wissen, was ihre Angestellten denken und die ihnen aufmerksam zuhören, werden mit Erfolgen belohnt.

»Wenn Sie Hilfe brauchen, dann sagen Sie mir einfach Bescheid.«
Auf den ersten Blick geht es hier um Hilfsbereitschaft, aber auf den zweiten Blick offenbart sich noch etwas anderes, nämlich Nahbarkeit. Chefs, die diesen Satz sagen, signalisieren ihrem Team: Ich bin ansprechbar, ich bin immer erreichbar und ich nehme mir Zeit, wenn es notwendig ist. Wer als Chef seine Hilfe anbietet, der hat das Prinzip der Hierarchie in einem Unternehmen verstanden.

»Wie kann ich Sie unterstützen?«
Menschen zu führen, bedeutet auch, Fürsorge für diese Menschen zu übernehmen, aber ihnen auch Freiräume zu schaffen, damit sie ihre Talente umsetzen können. Chefs, die mehr darüber wissen wollen, welche Talente in ihren Mitarbeitern schlummern, müssen zuhören können und, was vielleicht noch wichtiger ist, sie müssen in der Lage sein, Hilfe anzubieten.

»Ich entschuldige mich bei Ihnen.«
Selbst Chefs machen Fehler und sie sagen einige Dinge, die sie gar nicht so meinen. Das kann passieren, denn bekanntlich ist niemand perfekt. Chefs, die bereit sind, für ihre Mitarbeiter die Verantwortung zu übernehmen, die haben auch keine Probleme damit, sich bei ihren Angestellten zu entschuldigen.

»Wir brauchen Sie hier, denn ohne Sie geht es einfach nicht.«
Jeder Mitarbeiter, der von seinem Chef diesen Satz hört, weiß, dass seine Arbeit hoch geschätzt wird. Wer sich engagiert hat und weiß, dass sein

Engagement ankommt, der wird sich immer wieder bemühen, sein Bestes zu geben. Es gibt viele Chefs, die das vielleicht erkennen, aber es gibt nur wenige, die auch aussprechen, wie sehr sie sich über die Unterstützung eines Mitarbeiters freuen.

Kapital 21:
Konflikte und wie sie gelöst werden können

Immer dort, wo Menschen aufeinandertreffen, kann es auch Konflikte und Streitigkeiten geben. Wo die einen zu selbstbewusst sind, sind die anderen zu schüchtern. Während die einen das Risiko lieben, gehen die anderen lieber auf Nummer sicher. Es ist der Mix der verschiedenen Persönlichkeiten, der zwangsläufig zu Reibereien führt, aus denen Konflikte entstehen können. Das trifft natürlich auch auf das Berufsleben zu, aber dort sind ganz spezielle Konflikte zu finden, entweder zwischen den Angestellten und dem Chef oder unter den Kollegen. Zu den typischen Konfliktsituationen innerhalb eines Unternehmens gehören:

- der Kommunikationskonflikt

- der Rollenkonflikt

- der Wertkonflikt

- der Sachkonflikt

- der Beziehungskonflikt

- der Machtkonflikt

In jedem Büro wird auf unterschiedlichen Ebenen kommuniziert, entweder mit Worten, mit der Mimik oder mit Gesten. Missverständnisse bleiben da natürlich nicht aus, wenn sich zum Beispiel einer der Kollegen vom Team ausgeschlossen fühlt oder das Team mit einer Entscheidung des Chefs nicht einverstanden ist.

Zu einem Rollenkonflikt kommt es im Berufsleben fast immer, denn in einer Gruppe nehmen die einzelnen Mitglieder verschiedene Rollen ein. Da werden bestimmte Erwartungen ausgesprochen und der eine schiebt den anderen in eine Schublade, nur weil er dem eigenen Rollenverständnis im Wege steht. Zudem spielen alle eine Rolle, von der sie meinen, dass sie sie am besten ausfüllen, und das birgt besonders viel Konfliktpotenzial.

Etwas komplizierter ist es bei einem Wertkonflikt, wenn jeder der Kollegen eine andere Auffassung von Arbeit hat. Während der eine großen Wert auf klare und strukturierte Arbeitsabläufe legt, ist der andere ein spontaner Mensch. Da gibt es Kollegen, die unlautere Methoden nicht gutheißen und sie auch nicht billigen, für andere Kollegen sind sie aber lediglich ein Mittel zum Zweck.

Beim Sachkonflikt stehen sich zwei verschiedene Meinungen und Standpunkte gegenüber und es herrscht Uneinigkeit darüber, welches Ziel erreicht werden soll oder muss. Passend dazu stehen natürlich auch die Lösungen zur Debatte, bei denen sich aber auch keine Einigung ergibt, zumindest nicht auf den ersten Blick.

Beim Beziehungskonflikt treffen Sympathie und Antipathie aufeinander und nicht immer ist der eigentliche Grund für den Konflikt erkennbar. Solche Konflikte beginnen in den meisten Fällen unterschwellig, es gibt subtile Angriffe und es werden kleine Pfeile in Richtung des gegnerischen Lagers abgeschossen. Zu Beginn ist dieser Konflikt von einer sachlichen Differenz geprägt, aber er kann sehr schnell sehr persönlich werden und schließlich eskalieren.

Zwei Abteilungen werden vielleicht aus Kostengründen zu einer Abteilung zusammengelegt, und der Abteilungsleiter, der seine Macht verloren hat, sorgt in diesem Fall für einen Machtkonflikt, der schnell auf alle Kollegen übertragen werden kann.

Konflikte lösen sich nur in sehr seltenen Fällen von allein, erst recht nicht, wenn sie viel Zeit haben, sich zu entwickeln und zu wachsen. Manchmal hilft ein klärendes Gespräch zwischen dem Chef und seinen Angestellten. Wenn der Chef, aus welchen Gründen auch immer, nicht in der Lage ist, den Konflikt zu lösen, dann müssen ihn die Mitarbeiter dabei unterstützen und vielleicht auch die Rolle eines Vermittlers übernehmen.

Kapitel 22:
Der Chef und die Angst

Gestandene Manager und Angst? Diese beide Dinge passen so überhaupt nicht zusammen und dieser Mix ist bis heute in den meisten Chefetagen einfach undenkbar. Über Angst spricht man nicht, selbst wenn man sie hat, denn wer führt, der hat sich gefälligst nicht zu fürchten, und wer ernsthaft Karriere machen will, der darf kein Angsthase sein. Manager sind aus Prinzip keine ängstlichen Menschen und viele Chefs bemühen sich mit aller Kraft, ihr Bild immer wieder zu restaurieren und aufzupimpen. Das Credo lautet: Die Chefetagen in Deutschland sind so etwas wie angstfreie Zonen, der Manager scheut kein Risiko, das Ungewisse ist immer wieder eine Herausforderung für ihn und jedes Wagnis eine neue Chance, um sich zu bewähren. Manager sind also besonders mutige Männer, die nie zaudern, wankelmütig werden oder pessimistisch in die Zukunft schauen ... Aber ist das echt so??

Angstfreie Manager geben ein tolles Bild ab, leider nur für diejenigen, die abstrakte Kunst mögen, denn die Realität sieht ein bisschen anders aus. Auch in den Chefetagen regieren die Angst, die Unsicherheit, die Feigheit und der Frust. So manchen Boss quält die Angst auch vor dem Verlust des Jobs, die Angst vor dem Alter, vor dem Versagen, und was sie ganz besonders quält, das ist die schreckliche Angst vor dem Verlust der Macht. Die mutigen Macher in den führenden Stellungen sind mehr und mehr ängstliche Anführer, die bestenfalls noch Risiken eingehen, die sich lohnen oder wenn sie gar keine andere Wahl mehr haben.

Manager sind es gewohnt, alles und jeden zu kontrollieren, aber wenn Situationen auftreten, die sie durch ihr eigenes Eingreifen nicht mehr verändern können, dann bekommen sie sehr schnell sehr große Angst. Die Mehrzahl reagiert defensiv und verlässt sich auf das Bauchgefühl, aber rund 60 % der Manager trifft dann auch Entscheidungen, von denen sie nicht wirklich überzeugt sind. Zugeben will das selbstverständlich keiner, denn das Thema Unsicherheit oder sogar Angst ist bei Topmanagern tabu.

Das bleibt manchmal nicht ohne Folgen und manche sehen keinen anderen Ausweg, als zu Drogen oder Alkohol zu greifen. Andere versuchen es mit einer Minimierung des Risikos, um ihre Machtposition zu erhalten; sie schieben wichtige Entscheidungen immer wieder auf und beschränken sich auf ein Mikromanagement. Echte Innovationen oder sogar eine Aufbruchstimmung kann dabei natürlich nicht aufkommen. Was aber vielleicht für die Mitarbeiter noch schlimmer ist: Der Chef entwickelt sich zu einem Scheusal, zu einem sehr fragwürdigen Managertyp, dessen schlechte Eigenschaften immer mehr zum Vorschein kommen.

Kapital 23:
Woran Sie einen schlechten Chef erkennen können

Es gibt fünf verschiedene Typen von Chefs, die mehr Angst haben, als sie jemals zugeben werden, und es gibt eindeutige Zeichen, an denen Sie einen solchen schlechten Chef sehr gut erkennen können.

Der Blender – mehr Schein als Sein

Vordergründig hat dieser Chef immer alles im Griff, er gibt gerne an, alles zu können, er wird sich aber selbst nach Möglichkeit nicht die Hände schmutzig machen. Was für diesen Chef zählt, ist der schnelle, kurzfristige Erfolg, durch den er glänzen kann. Aber hinter jeder seiner Entscheidungen steckt nur selten Substanz und noch viel weniger eine Vision.

Wenn Sie mit einem solchen Chef arbeiten müssen, dann gehören schwankende Launen und Meinungen zu Ihrem Alltag. Dieser Chef macht viel Lärm um nichts, er pflegt sein Saubermann-Image, das seinen Schutz darstellt, und jeder, der an diesem Schutzschild kratzt, der muss sich auf eine Menge Ärger einstellen. Auf der anderen Seite schwimmt er gerne mal mit der Mehrheit und lässt sich für alle Fälle eine Hintertür offen.

Der Überforderte – Wer als Zweiter durchs Ziel geht, hat schon verloren

Dieser Chef ist immer ein bisschen zu hektisch und zu nervös. Sein ganzes Denken dreht sich um die Konkurrenz in den eigenen Reihen und er sieht sich ständig als Verlierer. Wenn es im Job nicht die richtige Dosis Erfolg gibt, dann wird er sich dieses Erfolgserlebnis woanders holen, und wenn das nicht ausreichen sollte, dann wird er seinen übergroßen Frust mit Alkohol, Pillen oder Kokain betäuben. Sein Führungsstil ist schwierig und reicht von fair und verständnisvoll bis hin zu Laissez-faire.

Dieser Chef mag das Kumpelhafte, denn er braucht sehr dringend das Gefühl, anerkannt zu werden. Meist versucht er, es allen immer recht zu machen, daher wirkt seine Arbeitsweise unkoordiniert und immer ein wenig willkürlich. Damit untergräbt er seine Akzeptanz und die Angstspirale setzt sich in Bewegung.

Der Leugner – Weil nicht sein darf, was nicht sein kann
Angst wird immer noch als ein Zeichen von Schwäche ausgelegt, und da ein Manager keine Angst hat, ist er auch nicht schwach. Symptome der Angst oder eines Herzinfarkts trägt er heldenhaft wie einen Orden an der Brust. Er sieht sich selbst als Märtyrer im Namen des eigenen Erfolgs, und sein Ideal ist der Manager, der seine Gefühlskälte stilisiert. Aggression und Autorität bestimmen den Führungsstil dieses Chefs. Er hat keine Schwächen und andere haben gefälligst auch keine zu haben. Sein Wahlspruch ist: Angriff ist immer die beste Verteidigung. Er wird Hierarchien aufbauen und das sehr bewusst, um sich von den Mitarbeitern so weit wie eben möglich zu distanzieren. Zudem beklagt er sich ständig über den Mangel an fähigen Mitarbeitern, die er aber in Wirklichkeit gar nicht wünscht. Die größten Sorgen, die diesen Chef umtreiben, sind: Es könnte zu einem Verlust seiner Macht kommen und seine Mitarbeiter planen einen Cäsarenmord.

Der Zaghafte – Wer nie etwas wagt, der kann auch nichts verlieren
Wenn es riskant wird, dann wird dieser Chef sofort die Flucht ergreifen, auch Experimente sind nicht sein Ding. Damit er mit dieser Haltung nicht allzu sehr auffällt, wird er gern in der Deckung bleiben und sich hinter den Mitarbeitern, hinter betrieblichen Vereinbarungen und auch hinter Tarifverträgen verstecken.

Ganz offiziell ist dieser Chef immer an allem beteiligt, aber das täuscht, denn hintenherum neigt er dazu, nach oben zu buckeln und nach unten zu treten. Der zaghafte Chef ruft besonders gern Teamsitzungen und Meetings ein, er veranstaltet Workshops und versucht auf jede andere erdenkliche Weise seinen Mangel an Entschlossenheit zu verdecken. Nicht selten führen diese krampfhaften Vermeidungsstrategien zu richtigen Zwängen und schuld an seinem Dilemma sind immer die anderen. Er hat Prinzipien statt Argumenten und jede Menge Handbücher sowie viele Leitlinien, aus denen er sehr gern immer wieder zitiert.

Der Kontrolleur – Vertrauen ist gut, aber Kontrolle ist immer besser
Es gibt Vorgesetzte, die reagieren auf Überraschungen und den Verlust der Kontrolle mit Panikattacken. Zu diesen Chefs gehört der Kon-

trolleur, der am liebsten alle Kompetenzen an sich reißt, immer in der Angst, die Dinge könnten ihm entgleiten. Er ist weder willens noch in der Lage, an seine Mitarbeiter zu delegieren, dafür erstickt er sie lieber in Arbeit. Dieser Chef plant alles bis ins kleinste Detail, aus Angst, er könnte vielleicht eine winzige Kleinigkeit übersehen. Wie alle Menschen, die unter einem Kontrollzwang leiden, ist er sehr kontaktscheu und schirmt sich gern vom Geschehen ab.

Das Verhalten dieses Chefs ist stets gewissenhaft, aber das kann auch ins Zwanghaft-Pedantische abrutschen. Er bestellt seine Mitarbeiter regelmäßig zum Rapport, er verlangt detaillierte Zwischenberichte, er fertigt Kontrollbögen an, und Durchschläge sind für ihn eine Selbstverständlichkeit. Kaschiert wird der Zwang nach Kontrolle mit einem sehr hohen Anspruch an Qualität und in der Konsequenz duldet dieser Chef weder Ungehorsam noch Fehler. Seine Mitarbeiter empfinden ihn als unangenehm kleinkariert und auch als unnahbar. Wenn ihn sein schlechtes Gewissen plagt, dann verbrüdert er sich gern nach Feierabend mit den Kollegen in der Kneipe und buhlt dort um Gegenliebe.

Kapital 24:
Rache ist zuckersüß

Immer höflich, kommunikativ, perfekt organisiert und natürlich ohne einen Fehler – das sind die Tugenden, die Chefs von ihren Mitarbeitern verlangen, aber sie vergessen dabei leider viel zu oft, dass man diese Tugenden bei ihnen selbst vergeblich sucht. Was sollen die Mitarbeiter machen, wenn sich der Chef als wahres Ekel herausstellt? Immer mehr Kollegen wehren sich gegen ihre unfähigen und auch unfairen Vorgesetzten. Wenn Sie mit Ihrem Chef so gar nicht einverstanden sind, dann haben Sie genau zwei Möglichkeiten: Sie können versuchen, Ihren Chef zu erziehen, oder Sie können sich an ihm rächen. Die Rache ist so etwas wie die Notbremse, wenn es mit der Erziehung einfach nicht klappen will, und sie sollte auch das letzte legitime Mittel sein, um den Chef in seine Schranken zu weisen.

»Büro ist Krieg«, sagt Bernd Stromberg und spricht damit wahrscheinlich sehr vielen Arbeitnehmern aus der Seele. In vielen Unternehmen ist es eine Art sportliche Disziplin geworden, sich am Chef zu rächen. Mittlerweile gibt es Spielfilme (Kill the Boss) und Computerspiele (Boss Hunter) zu diesem Thema und die Kreativität der Mitarbeiter kennt kaum noch Grenzen. Normalerweise wird immer von oben nach unten gemobbt, aber heute sind es die Vorstandsetagen, die die Rache der niedrigen Ränge fürchten müssen. Was den selbst ernannten Rächern in die Hände spielt, ist, dass die meisten Chefs panische Angst davor haben, dass die Rachepläne gegen ihre Person publik werden könnten, denn das würde sie bloßstellen und ihnen die Fähigkeit absprechen, Menschen zu führen.

Es ist die Sorge um die Reputation, die Chefs schweigen lässt, aber wenn es öffentlich wird, dass sie gemobbt wurden, dann wird sich fast jeder Chef als Opfer darstellen. Die Angestellten hingegen sind sich keiner Schuld bewusst, denn neben Falschparken und Schwarzfahren gibt es so wenig Unrechtsbewusstsein wie beim Mobbing des Chefs.

In den letzten Jahren ließ die Konjunktur ein wenig zu wünschen übrig und das verlangte den Mitarbeitern einiges ab. Sie bekamen weniger Geld, mussten mehr Überstunden machen und mit ständigen Umstrukturierungen zurechtkommen. Von der viel zitierten Loyalität am Arbeitsplatz war schnell nichts mehr vorhanden und das Image der

Manager sank auf das Niveau von Politikern. Viele Chefs sind immun gegen jede Art von Kritik, denn sie konnten sich in den mageren Jahren sehr viel gegenüber ihren Mitarbeitern herausnehmen; aber jetzt, wo die Wirtschaft wieder im Aufwind ist, bleibt die Stimmung in den Büros trotzdem schlecht. Rund 40 % der Arbeitnehmer sagten in einer Forsa-Umfrage, dass das Klima im Büro seit dem wirtschaftlichen Aufschwung noch schlechter geworden ist, und kaum einer hat das Gefühl, dass sich der Einsatz für die Firma überhaupt noch lohnt. Aber anders als noch vor einigen Jahren wird nicht mehr gekündigt, es wird stillschweigend Rache genommen.

Kapital 25:
Ein bunter Strauß voller Gehässigkeiten

In großen Unternehmen wird deutlich mehr sabotiert und gemobbt, als es in mittelständischen oder kleinen Firmen der Fall ist. Die Unternehmen sind sich dessen auch bewusst, das zeigt die sehr hohe Rate an Freistellungen, denn seit einigen Jahren werden rund 100 % der Topmanager und gut die Hälfte der mittelständischen Manager nach der Kündigung sofort freigestellt, noch vor 25 Jahren war das eine absolute Ausnahme. Die Unternehmen und Konzerne lassen es sich lieber etwas kosten und schicken den Topmanager bei vollem Gehalt zum Golfen, als in ein schlechtes Licht gerückt zu werden, denn das würde den weitaus größeren Schaden bedeuten. Wird dem Mitarbeiter gekündigt, dann ist der Bedarf an Rache sehr groß und die Hemmschwellen sind sehr niedrig. Angst vor möglichen Sanktionen muss niemand mehr haben, denn wer kümmert sich schon um eine Abmahnung, wenn die Kündigung sowieso schon raus ist?

Das digitale Zeitalter macht es einfach, Rache am Chef zu nehmen, zum Beispiel mittels einer Mail, die an den Vorgesetzten geschrieben wird, inklusive der pornografischen Bilder im Anhang und der Nachricht: »Hier kommen die Bilder, um die Sie mich gebeten haben.« Beliebt ist auch, wenn sich die Konkurrenzfirma beim Chef für die vermeintliche Unterstützung bedankt, und zwar mit den Worten: »Werfen Sie mal einen Blick auf Ihr Konto – die Summe haben wir ein bisschen nach oben aufgerundet.«

Die Reihe der Gehässigkeiten beginnt aber meist weniger dramatisch, beispielsweise mit dem Dienst streng nach Vorschrift. Gibt es wichtige Informationen, dann werden diese erst einmal zurückgehalten oder nicht weitergeleitet. Termine mit Kunden werden gerne mal vergessen und das Smartphone bleibt aus. Ein wichtiges Element der Rache ist auch der Klatsch und Tratsch im Büro, den Sie ganz gezielt steuern und in die richtige Richtung lenken können. Lassen Sie im Vorbeigehen einen Satz fallen wie: »Wenn du wüsstest …«, und Ihnen wird die ungeteilte Aufmerksamkeit der Kollegen zuteil. Auch: »Die Tage des Chefs sind ohnehin gezählt«, kommt immer gut an und sorgt für allerlei Spekulationen.

Zu den beliebten Racheideen gehört auch das plötzliche Verschwinden von materiellen und immateriellen Dingen, denn wenn der Chef nach wichtigen Unterlagen sucht, die er dringend benötigt, aber nicht finden kann, dann verschafft das Genugtuung. Da verschwinden vertrauliche Adressdateien, Mails werden gelöscht und wichtige Kundenkontakte lösen sich einfach in Luft auf. Erlaubt ist, was gefällt, und für Unrechtsbewusstsein ist kein Platz, denn schließlich muss eine offene Rechnung beglichen werden.

Kapital 26:
Die simple Logik der Racheengel

Es sind nur 13 % der deutschen Arbeitnehmer, die voll und ganz hinter ihrer Arbeit stehen, der weitaus größere Teil, nämlich 68 %, macht nur das Nötigste, und 19 % haben innerlich schon gekündigt. Die schlechte Stimmung in den Büros drückt natürlich auch auf die Motivation, das fördert wiederum die Lust auf Sabotage und auch das Mobbing. Diese Situation ist in den meisten Fällen auf die Defizite in den Führungsetagen zurückzuführen, und das, obwohl das Wesen des Chefs im Grunde sehr einfach ist. Der Chef muss die Mitarbeiter führen und sie motivieren, mehr wird von ihm nicht verlangt, aber das ist oftmals schon zu viel verlangt. Es ist daher nicht weiter verwunderlich, wenn es zu einer Rebellion von unten nach oben kommt. Abgesehen von der ramponierten Reputation erreichen diejenigen, die sich rächen, aber noch ein anderes Ziel, das vielleicht noch viel wichtiger ist: Sie sorgen für einen enormen Druck, der dann extrem starke Selbstzweifel auslöst, und das auch bei Chefs, die sonst hartgesotten sind.

Da gibt es den Chef, der sich nicht gern mit irgendwelchen Sentimentalitäten aufhält, seine Abteilung muss richtig schuften, was zwar die Effizienz steigert, aber die Stimmung unter den Mitarbeitern in den Keller schickt. Dann kursieren plötzlich wie aus heiterem Himmel vertrauliche Mails des Chefs, die Mitarbeiter verpassen wichtige Termine mit Kunden und behaupten hinterher, der Chef habe sich nicht informiert. Wenn der Chef eine Präsentation für die Vorstandsetage anfertigen muss, dann sind die Zahlen falsch und der Vorstand merkt das auch. Der Chef bekommt eine Abmahnung und wird schließlich versetzt.

Der Grund für diese Aktionen war eigentlich simpel, denn die Mitarbeiter waren von der harten Gangart des Chefs genervt, sie schlossen die Reihen und begannen mit ihrem Rachefeldzug. Das Pech des Chefs war es in diesem Fall, dass er die ersten Signale viel zu lange ignoriert hat. Die meisten Vorgesetzten reagieren ähnlich, sie nehmen die Zeichen nicht wahr, sie verdrängen sie anschließend und dann stehen sie vor vollendeten Tatsachen und sind vollkommen hilflos.

Was können und müssen Chefs lernen? Die erste Lektion lautet: Der Chef muss verstehen lernen, warum seine Mitarbeiter ihn mobben und sich an ihm rächen wollen. Die Hilflosigkeit und auch die Machtlosigkeit der Mitarbeiter ist der Auslöser, sie fühlen sich unfair behandelt. Wenn es dann keine andere Möglichkeit wie zum Beispiel einen Betriebsrat gibt, bei dem man sich beschweren kann, dann sucht sich die Hilflosigkeit, gepaart mit einer großen Dosis Frustration, einen anderen Weg. Die Logik der Rache ist einfach, die Mitarbeiter rächen sich, indem sie sich nehmen, was ihnen ihrer Ansicht nach ohnehin zusteht, und am Ende ist man quitt. Diese Form der sozialen Hygiene sorgt für Befreiung und auch die angeknackste Ehre wurde wiederhergestellt.

Es sind die großen Unternehmen, die an der Börse notiert sind, die besonders anfällig für Rachegelüste aller Art sind. Sie sind extrem auf Gewinn ausgerichtet, denn schließlich wollen die Aktionäre Geld sehen. Die Größe dieser Konzerne begünstigt immer den Verlust der persönlichen Bindung der Mitarbeiter an das Unternehmen. Wenn der Vorstand sich beispielsweise einen dicken Bonus genehmigt (was die Angestellten nicht selten aus der Zeitung oder aus den Nachrichten erfahren), die Mitarbeiter aber keine Gehaltserhöhung bekommen, dann fühlen sie sich zurecht ungerecht behandelt. Die Loyalität der Firma gegenüber ist weg.

Kapital 27:
Jeder hat das Zeug
zum potenziellen Racheengel

Kaum jemand steht am Morgen auf und verkündet: Heute ist der perfekte Tag, den Chef umzubringen. Frust, Hass und Demütigungen stauen sich langsam, aber sicher auf, ein Prozess, der Monate, wenn nicht sogar Jahre dauern kann. Es gibt alarmierende Zeichen, die Chefs in der Regel aber sehr gern übersehen oder nicht sehen wollen. Woran kann der Chef einen potenziellen Racheengel in seinem Büro erkennen? Es kann der Mitarbeiter sein, der besonders oft bei ihm vorstellig wird und der um Aufmerksamkeit bettelt. Diese Mitarbeiter schotten sich gern vom übrigen Büroalltag ab, sie suchen die Randarbeitszeiten aus, sie schließen penibel ihre Unterlagen weg, und wenn sie sich zu Wort melden, dann nur, um über den Chef zu lästern und die Firma schlecht zu machen. Im nächsten Schritt wird der Racheengel vielleicht anonyme Mails verschicken, bevorzugt zwischen Mitternacht und vier Uhr in der Früh, schließlich folgen die ganz gezielten Racheakte. Aus einer manchmal kleinen persönlichen Kränkung wurde Frust, aus dem Frust Isolation, schließlich Angst und am Ende Aggression.

Wenn zwischen einem Chef und seinen Mitarbeitern immer wieder Erwartungen enttäuscht werden, dann muss irgendwann irgendjemand dafür verantwortlich gemacht werden und der Schritt zur Rache ist nicht mehr weit entfernt. Diese Abfolge kennen heute auch die Unternehmen und immer mehr arbeiten daher mit einer Art Frühwarnsystem, das Angestellten und Chefs dabei helfen soll, dass niemand aus dem Ruder der Loyalität läuft. Nicht selten arbeiten große Firmen mit Psychologen zusammen, die ein sehr intensives Bewerberscreening ausarbeiten. Die Unterlagen werden penibel überprüft, die Bewerber müssen langwierige Psychotests überstehen und Hunderte von Fragen beantworten. Bei rund 70 % der späteren Racheengel hat sich herausgestellt, dass sie bereits bei ihrer Bewerbung gelogen haben.

Es gibt ihn tatsächlich, den intriganten Mitarbeiter, der immer wieder zum Mobbing, zu Fehlzeiten und auch zu Diebstählen von Büromaterialien neigt. Diese Typen sind es häufig, die später zur Rebellion gegen den Chef aufrufen und ihn bedrohen.

Kapital 28:
Sind die Chefs nicht selbst schuld?

Was muss zwischen einem Chef und seinen Mitarbeitern schieflaufen, damit sich jemand zu solchen, zum Teil perfiden Racheakten berufen fühlt? Es gibt eine Menge Chefs, die unfair sind, die eine Spur der Verwüstung hinterlassen, die nur cholerisch herumschreien, niemals ein positives Feedback über die Lippen bekommen und die Boni nach der Art eines Feudalherren verteilen. Chefs, die sich so benehmen und keine Erziehungsversuche seitens der Mitarbeiter annehmen, die müssen sich nicht wundern, wenn sie das Ziel von Racheaktionen werden. Aber auf der anderen Seite gibt es auch nette und sehr umgängliche Chefs, die ihre Fehler erkennen und trotzdem das Opfer der Mitarbeiterrache werden.

Woher die Eskalation auch immer rührt, wie muss gehandelt werden, wenn sie denn eintritt? Was muss passieren, wenn der Chef ganz offen im Büro gemobbt wird, wenn keiner der Mitarbeiter mehr zu einem Meeting erscheint und wenn wichtige Abgabetermine nicht mehr eingehalten werden? Ein erster Schritt besteht darin, Informationen zu sammeln und klare Grenzen zu ziehen. Es sollten Allianzen geknüpft werden, und es ist keine schlechte Entscheidung, einen Coach nach seiner Sicht der Dinge zu fragen. Auch ein Teamtraining ist eine gute Wahl, um Konfliktherde zu erkennen.

Ein gutes Zeichen ist es außerdem, wenn der Chef die Bereitwilligkeit zeigt, ein Verständnis von Führung zu überdenken, denn dann kann es geschehen, dass sich die Rachegedanken in Luft auflösen. Wenn der Vorgesetzte es tatsächlich schafft, seine Mannschaft vom Frust wieder auf Lust umzupolen, dann haben sowohl die Mitarbeiter als auch der Chef gewonnen.

Etwas härter ist die juristische Aufarbeitung, wenn es um Mobbing und Rache geht. Wenn nichts mehr gelingen will und keine Seite bereit ist, auf die andere Seite zuzugehen, dann hilft nur noch eine Abmahnung und in der letzten Konsequenz die Kündigung. Vor dem Arbeitsgericht zählen nur Fakten und nüchterne Dokumentationen, diejenigen, die gemobbt werden, sind oft jedoch nur noch psychische Wracks, wenn sie zum Anwalt gehen. Die harte Gangart gegen rebellierende Mitarbeiter ist aus menschlicher Sicht verständlich und in einigen Fällen sogar richtig. Aber Mäßigung ist immer noch die bessere Alternative. Die Reihenfolge Kündigung, Polizei, Anzeige, Arbeitsgericht macht den Mitarbeiter, der mobbt, nur noch wütender, die Täter fühlen sich dann in die Ecke gedrängt und noch mehr als zuvor isoliert. In dieser Situation können beide Seiten nur verlieren.

Kapital 29:
Wie Sie clever mit Ihrem Chef umgehen

Auch wenn Sie vielleicht Rachegelüste haben, wenn Sie an Ihren Boss denken, setzen Sie diese Gedanken nicht in die Tat um, denn es könnte passieren, dass Sie dabei den Kürzeren ziehen. Versuchen Sie lieber, clever mit Ihrem Chef umzugehen, selbst dann, wenn Ihr Vorgesetzter nur das Wetter und sonst nichts akzeptiert. Auch wenn sich wenig ändern wird, Sie sollten sich darauf einstellen, wenn Sie Ihren Job mögen, aber verbiegen müssen Sie sich deshalb nicht. Was letztendlich zählt, das ist die Bereitschaft, professionell zusammenzuarbeiten, und das ist leichter, als Sie jetzt vielleicht denken.

Sehen Sie Ihren Chef als Kunden, denn dann können Sie leichter herausfinden, was er gern geliefert bekommen möchte und was er braucht.

Gehen Sie auf Ihren Vorgesetzten zu, so können Sie eine aktive Beziehung gestalten, und wenn Sie etwas Gutes tun, dann sprechen Sie auch darüber. Auf diese Weise gelingt es Ihnen, sich ein bisschen besser zu vermarkten.

Bleiben Sie stets beharrlich und sprechen Sie die Dinge aus, die Sie stören. Nur so können Sie am Ball bleiben.

Vergessen Sie nie, Rückgrat zu zeigen, und fallen Sie nicht gleich um, wenn es ein Gegenargument gibt.

Ihre Unabhängigkeit sollten Sie sich immer bewahren, denn wenn Sie sich als abhängig sehen, dann erreichen Sie letztendlich nicht das, was Sie möchten.

Bauen Sie ein Netzwerk unter den Kollegen, aber auch außerhalb der Firma auf, das kann sich später vielleicht einmal als sehr nützlich erweisen.

Ganz wichtig ist es für Sie, zu erfahren, welcher Persönlichkeitstyp Ihr Chef ist, denn nur so können Sie sich auch perfekt auf ihn einstellen.

Sollte Ihr Chef sich selbst als Mister Supermann sehen, der sich gut darstellen kann, dann sind ihm seine Mitarbeiter weniger wichtig. Tun Sie ihm den Gefallen und stehlen Sie ihm nicht die Show, aber mit Anerkennung sollten Sie nicht allzu geizig umgehen.

Ist Ihr Chef ein echter Choleriker, dann wird er schon wegen einer winzigen Kleinigkeit in die Luft gehen. Mit einem solchen Vorgesetzten auszukommen, ist alles andere als einfach, aber machen Sie bloß nicht den Fehler und brüllen Sie zurück. Wenn Sie das tun, dann wird sich die Situation erst recht hochschaukeln. Versuchen Sie stattdessen, den Chef mit Humor und einer großen Portion Gelassenheit in seine Schranken zu weisen.

Wenn Ihr Chef ein ausgeprägter Machtmensch ist, dann kann er trotzdem seine Mitarbeiter umsichtig führen und auch richtige Entscheidungen treffen. Er ist guten Argumenten gegenüber zugänglich, allerdings wird er immer absolute Loyalität erwarten. Besonders häufig sind diese Typen in Unternehmen zu finden, die vom Inhaber selbst geführt werden. Wenn Sie ein Jasager sind, dann haben Sie in diesem Unternehmen ein sehr leichtes Spiel.

Manche Chefs sind wahre Bremsklötze, denen alles Neue oder auch Veränderungen ein echter Gräuel sind. Entscheidungen schiebt dieser Chef gern auf die lange Bank, und wenn Sie es mit so einem Chef zu tun haben, dann lassen Sie ihm so wenig Alternativen, wie eben möglich. Sie müssen selbst aktiv werden, und wenn es notwendig ist, auch selbst die Initiative ergreifen.

Ist Ihr Chef ein Blender, dann will er immer der glänzende Mittelpunkt sein, aber leider produziert er wenig Ergiebiges. Er ist als Chef nicht so schlecht, aber er hasst es, sich mit Kleinigkeiten befassen zu müssen. Die müssen Sie ihm schon abnehmen, denn er pflegt derweil lieber seine guten Kontakte im Golfclub.

Der kleine Bruder des Blenders ist der inkompetente Chef, der seinen Job vielen glücklichen Umständen, aber garantiert nicht seinen Fähigkeiten verdankt. Diese Art von Chef ist bei seinen Mitarbeitern wenig gut gelitten, und wenn Sie ernsthaft Karriere machen wollen, dann wird das nicht eben einfach.

Ein Vorgesetzter, der gern taktiert, hält sich nach Möglichkeit alle Optionen offen und ist deshalb auch nicht sonderlich entscheidungsfreudig. Für die Mitarbeiter ist dieser Umstand jedoch nicht weiter schlimm, denn auf diese Weise eröffnen sich immer neue Spielräume, die Sie für Ihre eigenen Initiativen gut nutzen können.

Auch ein Feigling hält sehr viel davon, zu taktieren, aber immer zu seinem eigenen Vorteil. Bei diesem Chef dürfen Sie nicht auf Rückendeckung hoffen, besonders dann nicht, wenn es dem Chef in irgendeiner Art und Weise schaden könnte. Sollten Sie den Mut haben, gegen diesen Typ von Chef anzugehen, dann sollten Sie das niemals allein tun. Suchen Sie sich weitere Kollegen, die mit Ihnen in die gleiche Richtung marschieren wollen.

Wenn Ihr Chef eine richtige Niete ist, dann wird er Sie seine eigene Unfähigkeit deutlich spüren lassen. Das macht ihn sehr unbeliebt und die Mitarbeiter zu Rächern. Diesen Chef können Sie mit ein bisschen Geschick dirigieren, wenn Sie ihn zum Beispiel glauben lassen, dass die besten Ideen von ihm stammen.

Ist Ihr Chef ein Kumpeltyp, dann haben Sie Glück, denn dieser Chef kann mit Hierarchien nichts anfangen. Er möchte in erster Linie von seinen Mitarbeitern gemocht, vielleicht sogar geliebt werden. Das klingt auf den ersten Blick nicht so schlecht, aber der Kumpel Chef ist nur selten in der Lage, eine klare Entscheidung zu treffen, und wenn er sich doch dazu durchringt, dann darf diese Entscheidung niemals unpopulär sein, denn das könnte ihn unbeliebt machen.

Sachlich und daher eher unpersönlich ist der Analytiker, der sich gern mit ganz vielen Zahlen, Fakten, Statistiken und Daten umgibt. Wenn Sie bei diesem Chef etwas erreichen wollen, dann müssen Sie lernen, ebenso nüchtern und analytisch zu arbeiten und möglichst viele Zahlen, Fakten und Daten in jedes Meeting einzubringen.

Haben Sie vor, gegen einen Perfektionisten anzutreten, dann müssen Sie nicht perfekt sein, Sie müssen diesen Chef nur durch Ihre Leistungen und Ihre Fehlerlosigkeit überzeugen. Diese Chefs sind extrem leistungsorientiert, sie denken logisch und sie sind nur in Ausnahmefällen für einen kleinen Spaß zu haben.

Auch ein verlässlicher Chef kann ein echter Pendant sein, der nüchtern und mit viel Sachlichkeit seine Arbeit erledigt. Bei ihm zählen Tugenden wie Loyalität, Pünktlichkeit und vor allem das strikte Einhalten der Regeln. Wenn Sie hier aus der Reihe tanzen, dann haben Sie unweigerlich verloren.

Es gibt auch Psychopathen unter den Chefs, und das ist sehr unangenehm, denn das Denken eines solchen Chefs kreist einzig und allein um seine Person. Dieser Typ kann nicht verlieren, er reagiert nie angemessen und er empfindet seine Mitarbeiter und Kollegen als lästige Insekten, die kein Mitleid verdienen. Bei einem solchen Chef haben Sie wenig Chancen, etwas zu ändern, er kann Sie die Gesundheit und die Karriere kosten. Deshalb versuchen Sie es erst gar nicht, ihn zu erziehen, sondern kündigen besser gleich.

Kapital 30:
Wie sollte der perfekte Chef aussehen?

Wie ist es in Deutschland um das Verhältnis zwischen den Angestellten und ihren Vorgesetzten bestellt? Das Meinungsforschungsinstitut Forsa wollte es genauer wissen und hat mehr als 700 Angestellten die Frage gestellt: Wie sieht Ihr persönlicher Traumchef aus? Die Ergebnisse sind auf der einen Seite verblüffend, aber auf der anderen Seite auch ein wenig realitätsfern. 96 % wünschen sich einen Chef, der gut mit Kritik umgehen kann, 95 % wollen einen Boss, der ein breites Kreuz hat und belastbar ist. 94 % der Befragten sehnen sich nach einem konsequenten und vor allem nach einem zuverlässigen Chef, und 92 % hätten gern einen Vorgesetzten, der durch sehr gute Kenntnisse beeindrucken kann. Für 86 % sollte der Chef stets verständnisvoll und offen sein. Das alles klingt nach einem Wunschbild, das leider nicht den Tatsachen entspricht, denn das Gegenteil ist leider viel zu oft der Fall.

Noch vor 20 Jahren ergab eine ähnliche Umfrage, dass zwei Drittel der Angestellten mit ihren Chefs ganz und gar nicht zufrieden waren, nur ein Drittel beschrieb seine Vorgesetzten als korrekt und unauffällig. Heute gibt es offensichtlich wieder ein Problem mit den Führungskräften, aber es bleibt die Tatsache, dass kein Weg am Chef vorbeiführt, ganz gleich, ob er nun ein Pedant, ein Schreihals, ein Aufschneider oder ein Chaot ist. Die Angestellten müssen mit ihm leben, das heißt aber nicht, dass man den Chef nicht erziehen kann.

Es hängt auch von den Mitarbeitern ab, wie gut oder weniger gut der Chef ist. Wer selbst zur Pedanterie neigt, der wird mit einem Chef, der ähnlich tickt, sehr gut zurechtkommen. Wenn Sie in der Lage sind, sich auf den Charakter Ihres Vorgesetzten einzustellen, dann werden Sie sehr wahrscheinlich selten Schwierigkeiten mit dem Chef bekommen. Wenn Sie Ihren Chef verstehen, dann kommen Sie auch mit ihm klar, problematisch wird es erst, wenn Sie sich zum Rebellen berufen fühlen.

Viele wollen in ihrem Chef eine Art Vaterfigur sehen, denn in einer Firma ist es ähnlich wie in einer Familie. Da gibt es die Jasager, die Rebellen und diejenigen, die alles mitmachen. Viele Angestellten reflektieren, wie viele Familienangehörige auch, zu wenig ihre persönliche Rolle, und da stellt sich die Frage, warum sollte der Chef anders sein? In der Vaterrolle wäre der Chef also die denkbar schlechte Besetzung. Es gibt die skeptischen Chefs, die den ganzen Tag darüber nachdenken, ob die Mitarbeiter vielleicht schlecht über ihn reden oder denken. Viele Chefs haben regelrecht Angst davor, dass sich ihre Angestellten zusammenrotten und den Aufstand planen. Auch wenn es vielleicht wenig charmant klingt, aber nutzen Sie die Ängste Ihres Chefs aus, um ihn nach Ihren und den Vorstellungen Ihrer Kollegen zu erziehen.

Kapital 31:
Wie funktioniert das optimale »Cheffing«?

Es kann immer mal vorkommen, dass der Chef nicht das macht, was er eigentlich sollte, und das lässt die Mitarbeiter dann etwas ratlos zurück. Hat Ihr Chef keine Ahnung und völlig den Überblick verloren? Sind seine Entscheidungen in den meisten Fällen falsch und Sie leiden ebenso darunter wie Ihre Kollegen? Dann wird es Zeit, den Spieß einmal umzudrehen und den Chef zu führen. Vielleicht versuchen Sie es mal mit einer Führung von unten und lenken zur Abwechslung mal Ihren Chef. Versuchen Sie es doch einfach mal mit »Cheffing«, denn das sogenannte Cheffing kann sehr hilfreich sein, aber es kann nur dann richtig funktionieren, wenn beide Seiten davon auch einen Vorteil haben.

Wenn Sie mit Ihrem Chef unzufrieden sind, dann ist es keine schlechte Entscheidung, ein Stück weit Einfluss auf ihn zu nehmen. Den Chef auszutauschen ist nicht so einfach, deutlich weniger Probleme macht es hingegen, ihn nach Ihren Vorstellungen zurechtzubiegen. Den Bogen überspannen sollten Sie dabei aber nach Möglichkeit nicht. Im Grunde ist »Cheffing« ein Tauschgeschäft, in dem sich der Vorgesetzte aber nie als der Verlierer fühlen sollte. Geben Sie ihm immer das sichere Gefühl, dass er frei entscheiden kann und seine Mitarbeiter wie gewohnt mit Informationen versorgt.

Um das Prinzip des »Cheffing« zu verstehen, müssen Sie wohl oder übel lernen, ein wenig um die Ecke zu denken. Sie dürfen dabei nie vergessen, dass das Image, das eine Abteilung und die Mitarbeiter haben, immer davon abhängt, wie der Chef sie nach außen repräsentiert. Das heißt, wenn Ihr Vorgesetzter stets eine gute Figur abgibt, dann profitieren davon auch seine Mitarbeiter. Wenn Sie aber einen vollkommen unfähigen Chef haben, dann wird es Ihnen und Ihren Kollegen wenig nützen, wenn Sie auf den Chef schimpfen. Helfen Sie ihm lieber und unterstützen Sie ihn bei seiner Arbeit, denn das kommt auch Ihrer Abteilung zugute.

Gutes »Cheffing« fängt im Kleinen an, zum Beispiel dann, wenn Ihr Chef Aufträge verteilt, die keinen wirklichen Sinn machen. Ist das der Fall, dann sollten Sie nachfragen, ob der Aufwand auch gerechtfertigt ist und welches unternehmerische Ziel dahintersteht. Diese Rückfragen machen dem Chef klar, was der Auftrag für einen Aufwand an Arbeit benötigt. Sollte er noch einmal auf die Idee kommen, einen ähnlich unsinnigen Auftrag zu erteilen, dann ist er entsprechend geschult und überlegt es sich mit Sicherheit zweimal.

»Cheffing« funktioniert aber auch dann, wenn Sie einen chaotischen Chef haben, der gern mal Termine übersieht oder Aufgaben gleich doppelt verteilt. Hier können Sie und Ihre Kollegen den Chef beim Thema Organisation unterstützen. Erinnern Sie ihn in regelmäßigen Abständen an seine Termine, denn so bekommen Sie das Chaos wenigstens einigermaßen in den Griff und machen sich zudem als rechte Hand des Chefs für ihn unentbehrlich. Dieses Management des Chaos ist deutlich effektiver, als nur über den Chef zu lästern oder sich über ihn aufzuregen.

Ein Mittel, das beim »Cheffing« gern unterschätzt wird, ist es, den Chef zu loben. Wie bereits erwähnt sind auch Chefs nur Menschen, und Menschen freuen sich nun einmal über ein Lob und über Anerkennung. Sie dürfen dieses Vorgehen jedoch nicht mit dem üblichen Einschleimen verwechseln, denn das fällt auf und ist letztendlich nur peinlich. Wenn der Chef gute Arbeit geleistet hat, von der auch die Mitarbeiter profitieren können, dann ist es nur rechtens, ihn dafür zu loben. Mit jedem echten Lob steigt die Chance, dass der Chef es bei der nächsten Gelegenheit wieder ebenso gut macht.

Es ist ein Idealfall, wenn der Chef offen dafür ist, wenn sein Team ihn ein wenig beeinflusst. Flache Hierarchien werden in vielen Unternehmen gern gesehen, denn es zeigt, dass die Mitarbeiter auch mitdenken, sich mit ihren eigenen Ideen einbringen und bereit sind, Verantwortung zu übernehmen. Auch hier ähnelt die Firma einer Familie, denn auch Kinder beeinflussen ihre Eltern und umgekehrt. Beide Seiten lassen sich das bis zu einer bestimmten Grenze gefallen, aber die Eltern sollten trotzdem immer den größeren Einfluss haben, denn wenn das nicht der Fall ist, dann läuft etwas falsch.

Kapitel 32:
Was Sie bei der Führung von unten beachten müssen

Was Sie beim »Cheffing« allerdings niemals tun sollten, ist, Ihren Chef hinter seinem Rücken beeinflussen zu wollen. Wenn Sie Einfluss nehmen möchten, dann nur durch einen stets offenen Dialog. Wenn Ihr Chef mitbekommt, dass Sie ihn manipulieren wollen, dann kann das sehr schnell sehr unangenehme Konsequenzen für Sie haben. Die Führung von unten kann immer nur dann erfolgreich sein, wenn der Chef davon profitieren kann, und nur aus diesem Grund wird er sich auch darauf einlassen.

Kein Unternehmen wird basisdemokratisch geführt, es gibt überall ein Oben und auch ein Unten. Wenn die Entscheidungen, die oben getroffen werden, nicht so ganz ins Bild passen, dann können Sie nur den Finger in die Wunde legen, aber letztendlich sind Sie von diesen Entscheidungen abhängig.

Ein weiteres No-Go beim »Cheffing« ist es, den Vorgesetzten zu blamieren und ihn bloßzustellen. Selbst wenn Ihr Chef mal totalen Blödsinn von sich gibt, sollten Sie sehr genau überlegen, ob Sie ihm widersprechen und damit auch Ihre Kollegen und vielleicht sogar den Vorgesetzten Ihres Chefs in ein eher schlechtes Licht rücken. Sollte der Chef das Gefühl bekommen, dass er wie ein Tanzbär am Nasenring durch die Manege geführt wird, dann wird er sich unter Garantie zur Wehr setzen.

Es gibt aber noch eine weitere Regel, die Sie beim »Cheffing« unbedingt beachten sollten: Wenn es richtig gut läuft, dann wäre es eine fatale Entscheidung, den Erfolg für sich zu beanspruchen. So läuft nun einmal der Deal, den Sie abgeschlossen haben: Selbst wenn Sie der Vater des Erfolgs sind, der Chef wird diesen Erfolg auch für sich beanspruchen wollen. Im Gegenzug können Sie sich jedoch überlegen, welchen Wunsch Ihnen der Chef erfüllen könnte, denn es ist und bleibt ein Tauschgeschäft, auf das Sie sich beim »Cheffing« eingelassen haben.

Kapital 33:
Diese Strategien sichern Ihnen das Überleben

Nur die wenigsten Chefs haben das Führen von Menschen auch gelernt und sie sind daher vielfach dankbar für Hilfen und Hinweise. Wenn Sie allerdings einen autoritären Chef haben, dann wird er diese Hinweise und Hilfen als eine Art Majestätsbeleidigung auffassen. Sie können diese beiden so unterschiedlichen Typen nur dann richtig einschätzen, wenn Sie sich die Ruhe nehmen, um herauszufinden, wie Ihr Chef tickt. Dieses besonnene Vorgehen hat aber noch einen weiteren Vorteil, denn es schützt sie ganz automatisch davor, einen großen Fehler zu machen: schon während der Probezeit die Führung übernehmen zu wollen.

Wenn Sie sich Gehör verschaffen wollen, dann ist es nie falsch, Sympathien zu wecken. Für Ihre Kritiker wird das allerdings sofort als Schleimen ausgelegt. Lassen Sie sich davon nicht beeindrucken, denn wenn Sie und der Chef auf einer Wellenlänge unterwegs sind, dann haben Sie immer die besseren Karten. Zeigen Sie, was Sie können, aber räubern Sie dabei nicht in den Domänen des Chefs. Suchen Sie sich lieber eine kleine Nische, optimal ist immer etwas, was der Chef nicht so sehr gut kann oder was er nicht mag. Nutzen Sie diese Nische und mit ein bisschen Glück wird Ihr Vorgesetzter Ihnen nicht mehr hineinreden.

Kapital 34:
Wie Sie Streitigkeiten
mit dem Chef vermeiden

Nicht jede kleine Meinungsverschiedenheit mit dem Vorgesetzten ist auch ein waschechter Streit und nicht immer muss Ärger in Stress ausarten. Wenn Sie vom Verhalten Ihres Chefs zunehmend genervt sind, dann weiß er mit Sicherheit nichts von Ihrer Unzufriedenheit. Natürlich wollen Sie Ihren Unmut abbauen, aber es ist nicht notwendig, dass Sie es auf einen offenen Konflikt ankommen lassen. Wenn Sie nicht mit Ihrem Chef sprechen möchten und nicht den Betriebsrat oder einen Mediator einschalten wollen, dann sollten Sie versuchen, selbst die unangenehme Situation zu entschärfen.

Sie sind mit Ihren Problemen nicht allein, denn es gibt kaum einen Arbeitnehmer, der mit seinem Chef rundum zufrieden ist. Sie können die Persönlichkeit Ihres Chefs nicht ändern, aber wenn Sie die negativen Eigenschaften Ihres Chefs kennen, dann können Sie Ihr eigenes Verhalten entsprechend anpassen, um so einen Konflikt oder einen Streit zu entschärfen oder sogar ganz zu vermeiden.

Liebt Ihr Chef die Ordnung? Neigt er dazu, Sie und Ihre Kollegen ständig zu kontrollieren, und ist sein Vertrauen in Ihre Leistung gleich null? Dann ist Ihr Frust verständlich, denn mit einem solchen unsicheren Vorgesetzten ist das Arbeiten kein Vergnügen. Besonders schlimm ist es, wenn der Chef meint, die Handlungen und auch die Gedanken seiner Mitarbeiter zu kennen oder sogar vorhersagen zu können. Wenn das der Fall ist, dann müssen Sie handeln und dem Chef ständig Rückmeldungen über Ihre Arbeit geben.

Sorgen Sie dafür, dass er seine Aufgaben, die er Ihnen zuteilt, möglichst exakt formuliert. Hier kann es durchaus hilfreich sein, wenn Sie ihn glauben lassen, Sie seien ein wenig begriffsstutzig. Sollte er Ihnen ein Projekt vorschlagen, das Sie selbstständig ausführen, dann lassen Sie ruhig Zweifel über Ihre Kompetenz aufkommen, denn dann wird sich Ihr Chef unter Garantie sehr wohlfühlen.

Wenn Ihr Chef ein Berufsjugendlicher ist, der von allen geduzt werden möchte, dann haben Sie Pech, denn dieser Typ Chef macht sich nicht die Mühe, die Verantwortung für sein Team zu übernehmen. Dafür geht er gern mit dem Team in die Kneipe, aber im Büroalltag ist er nicht in der Lage, Aufgaben klar zu definieren. Diese lässige Führungsmentalität wird Ihnen früher oder später auf die Nerven gehen, aber zum Streit muss es deshalb nicht kommen.

Halten Sie alle Vorgaben immer schriftlich fest, denn der Kumpelchef kann sich oftmals nicht daran erinnern, welche Aufgaben er Ihnen zugeteilt hat. Diesem Chef dürfen Sie sehr klar Ihre Meinung sagen, denn eine andere Sprache wird er nicht verstehen. Das gilt auch dann, wenn Sie ungefragt geduzt werden; verbitten Sie sich das und bestehen Sie auf ein distanziertes Arbeitsverhältnis, zu dem auch das »Sie« gehört.

Direkte Kritik kommt bei einem autoritären Chef nicht sonderlich gut an. Dieser Chef delegiert, er erteilt Befehle und erwartet, dass seine Mitarbeiter spuren. Dass er die Leitung hat, ist für ihn selbstverständlich, wenn nicht sogar gottgegeben und gegen einen modernen Führungsstil ist er immun. Sie erkennen diesen Typ Chef an einer schlechten Angewohnheit: Er lässt seine Mitarbeiter nie ausreden und er hat auch nicht das geringste Interesse daran, die Weiterbildung seines Teams in irgendeiner Art und Weise zu fördern.

Wenn Sie bei diesem Chef einen Konflikt vermeiden wollen, dann hinterfragen Sie seine Anordnungen niemals, wenn ein Kollege in der Nähe ist, denn das würde der autoritäre Chef als einen Gesichtsverlust werten. Was Sie aber machen können, ist, ihn regelmäßig um ein Feedback zu Ihrer Arbeit zu bitten, denn dann muss er sich mit Ihnen und Ihrer Arbeit auseinandersetzen. Bitten Sie nie um eine Fortbildung, besser ist es, Sie präsentieren Ihrem Chef Ihren Karriereplan und fragen ihn, was er davon hält.

Sollte Ihr Chef ein Visionär sein, dann weiß er, wie die Firma übermorgen erfolgreich sein wird. Leider hat er dabei die Gegenwart nicht im Auge und kurzfristige Ziele kann er nicht benennen. Wenn Sie ihm eine sachbezogene Frage stellen, dann ist das sinnlos, auch Zusagen hält er nur sehr ungern ein. Dafür ist er aber ein kreativer Kopf, der immer wieder vergisst, wie viel Arbeit er seinen Mitarbeitern auflädt.

Auch hier sollten Sie alles, was wichtig ist, schriftlich fixieren. Am besten legen Sie eine Liste mit allen laufenden Projekten an, um dem Chef beweisen zu können, wie überlastet Sie und Ihre Kollegen mal wieder sind. Bei einem Chef, der Visionen hat, kann es nicht schaden, wenn Sie ihm hin und wieder seine Grenzen aufzeigen und ihn auf den Boden der Tatsachen zurückholen.

Kapital 35:
Klare Grenzen ziehen

Wenn Sie mit Ihrem Chef einen Konflikt oder einen Streit austragen, dann ziehen Sie klare Grenzen und werden Sie nie persönlich. Das gilt auch dann, wenn Sie sich mit Ihrem Chef an sich gut verstehen, denn wenn ein Streit persönlich wird, dann endet das in den meisten Fällen mit einer Kündigung. Privates und Berufliches sollten immer streng voneinander getrennt werden, persönliche Konflikte haben im beruflichen Umfeld nichts zu suchen. Wenn Sie persönlich werden, dann wird Ihr Chef Sie vielleicht mit den gleichen Waffen bekämpfen und Sie ziehen dabei unter Umständen den Kürzeren.

Was Sie ebenfalls nicht tun sollten: sich zu Emotionen hinreißen lassen, denn auch das bringt sie nicht weiter. Bleiben Sie immer sachlich und kühl, selbst wenn Sie innerlich vor Wut kochen.

Sollte die Situation für Sie jedoch zu belastend werden, dann können Sie auch mit dem Thema abschließen. Lassen Sie das Problem einfach fallen, ohne dem Konflikt auf den Grund zu gehen. Diese Strategie ist aber immer nur dann erfolgreich, wenn Sie nicht ständig mit Ihrem Chef zusammenarbeiten müssen. Nicht jede Unstimmigkeit muss auch tatsächlich ausgetragen werden und es muss nicht zur Eskalation kommen. Allerdings verlangt diese Lösung einen starken Willen, denn nach einer Kränkung oder nach einer Zurechtweisung durch den Chef fällt es nicht immer leicht, das Geschehene zu verarbeiten und letztendlich auch zu vergessen.

Wenn Sie spüren, dass Sie mit der Situation nicht klarkommen, dann haben Sie noch die sogenannte »Exit-Option«: Entweder Sie wechseln die Abteilung oder Sie kündigen. Dieser Weg ist immer dann richtig, wenn Sie sich psychisch nicht stark genug fühlen, sich dem Konflikt noch einmal zu stellen. Diese Option ist aber immer nur dann eine gute Wahl, wenn Sie berechtigte Chancen auf eine neue Stelle haben.

Kapital 36:
Der sozial inkompetente Chef
oder was ist Bossing?

Mobbing kann sehr viele Gesichter haben. Es wird munter drangsaliert, schikaniert, intrigiert und schließlich auch degradiert. Mobbing ist schon eine sehr böse Geschichte, aber es bekommt noch mehr Dynamik, wenn ein sozial völlig inkompetenter Chef seine Mitarbeiter mobbt. Bossing nennt sich diese Form im Fachjargon und sie ist in deutschen Büros erstaunlich oft zu finden. Wer meint, dass nur Kollegen andere Kollegen mobben, der irrt sich gewaltig, denn an jedem zweiten Fall von Mobbing ist auch der Chef beteiligt. In diesen Fällen handelt es sich um einen ganz besonderen Psychoterror, den der Chef zum Führungsstil erklärt hat.

Bossing findet ausschließlich zwischen einem Chef und einem Angestellten statt und diese besondere Form des Mobbing hat viele hässliche Gesichter. Meist beginnt das ganze Drama von einem Tag auf den anderen. Da machen Angestellte jahrelang einen guten Job und fallen dann plötzlich beim Chef in Ungnade. Die Attacken beim Bossing kommen meist dann, wenn Sie am wenigsten damit rechnen, sie sind willkürlich, meist sehr verletzend und sie haben nie eine friedliche Einigung als Ziel, sondern es besteht immer die Absicht, die Gräben möglichst noch zu vertiefen.

Der gravierende Unterschied zwischen dem klassischen Mobbing und Bossing besteht in der jeweiligen Position der Unternehmenshierarchie. Das Opfer steht in der Rangliste unter dem Täter und hat damit nicht die Macht, sich entsprechend zu wehren. Damit wird dieses Problem für denjenigen, der vom Chef gemobbt wird, um einiges schwieriger. In der Managerszene wird Bossing auch als »Downward bullying« bezeichnet, was so viel wie »jemanden schikanieren« bedeutet. Schikaniert wird aber nicht auf einer Ebene, sondern immer von oben nach unten, anders als beim Staffing, bei dem der »Staff«, also das Personal, nach oben mobbt.

Kapital 37:
Die drei Eigenschaften beim Bossing

Bossing zeichnet sich durch drei Eigenschaften aus, denn es ist immer:

- **systematisch**

- **wiederholt**

- **hierarchisch**

Systematisches Bossing ist zielgerichtet, das heißt, der Chef sucht sich ein Opfer aus, das er dann mit System schikanieren kann. Wenn diese Eigenschaft fehlt, dann wird es gern als eine Art Ausrutscher behandelt, wenn es aber zu einer regelmäßigen Schikane kommt, dann ist es strafbar.

Bossing muss, wie Mobbing oder Staffing auch, über einen längeren Zeitraum erfolgen, aber nicht jeder Zwischenfall ist auch gleich als eine Diskriminierung zu werten. Wenn das Bossing dokumentiert werden soll, dann braucht es dazu auch einen Leidensweg.

Was das Bossing so schwierig macht, ist die Hierarchie, denn das Opfer der Attacken hat oftmals kaum die Möglichkeit, sich gegen den Täter zu wehren.

Woran erkennen Sie, ob Ihr Chef Sie gezielt mobbt? Es gibt zweierlei Arten von Bossing, zum einen auf der Arbeitsebene und zum anderen auf einer persönlichen Ebene. Findet das Chef-Mobbing auf der Arbeitsebene statt, dann wird Ihr Chef vielleicht:

- Ihnen sinnentleerte Tätigkeiten zuweisen

- Ihnen Aufgaben geben, die Sie nicht bewältigen können

- vor den Kollegen unsachliche Kritik über Ihre Arbeit äußern

- Ihre Arbeit einfach unterschlagen oder manipulieren

- Sie bis ins kleinste Detail kontrollieren

- Ihnen Privilegien entziehen

- Sie nicht mehr über wichtige Dinge informieren

Auf der persönlichen Ebene ist Bossing nicht besser, es ist aber auf andere Art sehr demütigend. Ihr Chef wird Sie:

- vom übrigen Team ausgrenzen

- verleumden

- negative Anspielungen machen und auch vor Unterstellungen nicht zurückschrecken

- Sie im Beisein Ihrer Kollegen lächerlich oder schlecht machen

- demonstrativ den Raum verlassen, wenn Sie ihn betreten

Bossing hat das Ziel, einen Mitarbeiter systematisch einzuschüchtern, ihn zu zermürben, ihn dann kaltzustellen und schließlich zur Kündigung zu treiben. Besonders gern wird diese miese Taktik bei Mitarbeitern eingesetzt, die nur schwer zu kündigen sind, weil sie zum Beispiel Mitglied im Betriebsrat sind. Der Mitarbeiter soll gezwungen werden, entweder aus eigenem Antrieb zu kündigen oder einem Aufhebungsvertrag zuzustimmen.

Kapital 38:
Was treibt den Chef zum Bossing?

Wenn Chefs ihre Mitarbeiter ganz gezielt psychisch fertigmachen, dann sind es meist sehr unsichere Persönlichkeiten, die wenig Selbstbewusstsein haben. Ein Chef, der mobbt, der fühlt sich von den Mitarbeitern bedroht, die Stärke und Selbstvertrauen ausstrahlen, schlimmer noch, er fühlt sich unterlegen, und das kann viele unterschiedliche Gründe haben.

Einige Chefs fühlen sich in fachlicher Hinsicht unterlegen und damit als persönlich minderwertig. Dieses schlechte Gefühl wird durch die Erniedrigung der Mitarbeiter kompensiert. Auch Chefs, die sich in ihrer Führungsrolle unsicher fühlen, versuchen, das zu überspielen, indem sie zum Beispiel gegenüber ihren Mitarbeitern übertrieben hart sind und eine noch härtere Disziplin fordern. Damit wird versucht, diesen Führungsfehler nach Möglichkeit zu kaschieren. In der heutigen Zeit kommt noch ein anderer Grund dazu, denn Chefs stehen zunehmend unter einem großen wirtschaftlichen Druck, den sie von oben nach unten weitergeben.

Die Ursache für das Bossing müssen nicht zwingend schlechte Leistungen sein. Vielfach sind es aber einfach nur Animositäten gegenüber einem bestimmten Mitarbeiter. Soziologen und auch Psychologen sind sich einig, dass Bossing in jedem Fall eine Form von extremer Unreife darstellt.

Aber was bedeutet eigentlich Führungsreife? Wann ist man reif, um andere Menschen zu führen? Zu einem Teil besteht Führungsreife aus fachlichem Wissen, aber der größte Teil ist die Fähigkeit, andere Menschen mit all ihren unterschiedlichen Facetten so zu akzeptieren, wie sie sind. Andersartigkeit sollte immer als eine echte Chance für Innovation gesehen werden. Wer unreif ist, der wird immer dazu neigen, sich selbst als das Maß aller Dinge zu sehen.

Kapital 39:
Die Folgen des Bossing sind schrecklich

Bossing ist mitnichten ein Kavaliersdelikt, denn die Folgen für die Opfer sind schrecklich. Bossing ist eine massive Bedrohung für die berufliche Existenz, aber noch schwerer wiegen die psychischen Schäden. Das Selbstwertgefühl wird in seinen Grundfesten erschüttert, es kann zu Depressionen kommen und die Opfer leiden nicht selten ein Leben lang unter den erlittenen Demütigungen. Gezieltes Mobbing durch den Chef kann zu folgenden Symptomen führen:

- Traurigkeit, ständige Niedergeschlagenheit und eine innere Leere

- Entscheidungen können nur noch schwer getroffen werden

- Eine starke innere Unruhe

- Das Gefühl der Sinnlosigkeit

- Minderwertigkeitsgefühle, ein mangelndes Selbstwertgefühl und schließlich eine übersteigerte Kritik an sich selbst

- Das Gefühl von Ohnmacht, der Verlust der Autonomie und eine gewisse Hilflosigkeit gegenüber den Aufgaben des Alltags

- Probleme beim Denken und der Konzentration

- Die Gedanken drehen sich ständig im Kreis

- Schlaflosigkeit, Aggressivität und starke Schuldgefühle

- Rückzug aus dem Familienleben und dem Freundeskreis

Bossing kann der Weg in die Sucht sein, aber auch körperliche Symptome sind keine Seltenheit. Rasende Kopfschmerzen und Bauchkrämpfe können sich einstellen und auch nervöse Ticks, wie Zuckungen am Auge, gehören zu den körperlichen Folgen des Bossing.

Kapital 40:
Diese Aussagen verraten den mobbenden Chef

Ein Chef, der mobbt, bedient sich einer Sprache, die in keinem Büro gern gehört wird. Trotzdem stammen die folgenden Aussagen aus deutschen Büros:

- Sie wollen hoch hinaus? Dann sollten Sie Bergsteigen gehen, hier im Unternehmen wird Ihnen das jedenfalls nicht gelingen.

- Sie wollen mehr Lob? Sie machen jeden Tag Überstunden, das muss reichen.

- Wenn ich Psychologie studiert hätte, dann wären Sie für mich interessant.

- Sicher weiß ich Ihre Meinung zu schätzen, nur eben weniger als meine.

- Kann ich Sie vielleicht ein anderes Mal ignorieren? Ich bin nämlich gerade beschäftigt.

- Sie arbeiten nur halbe Tage? Mir kommt das vor wie zwölf Stunden.

- Dass Sie an Intelligenzintoleranz leiden, sehe ich, und das, obwohl ich kein Arzt bin.

- Denken scheint ein völlig unbekanntes Terrain für Sie zu sein.

- Kommen Sie nicht auf die Idee, mich noch einmal zu einem Meeting einzuladen, denn das fällt bei mir unter aktive Sterbehilfe.

- Ich bin richtig stolz auf mich, denn ein besseres Kündigungsschreiben habe ich noch nie verfasst. Ich werde es Ihnen widmen.

- Kommen Sie doch ein letztes Mal in mein Büro.

Solche Sätze sind eine Unverschämtheit und sie schmerzen. Das müssen Sie sich natürlich nicht gefallen lassen, aber Sie müssen auch nicht kündigen, denn es gibt noch andere Wege.

Kapitel 41:
Wie Sie richtig reagieren

Zugegeben, es klingt nach einer echten Mammutaufgabe, sich gegen einen mobbenden Chef zu wehren, aber kampflos unterzugehen ist auch keine besonders reizvolle Option. Wenn Sie merken, dass Ihr Chef Sie mobbt, dann sollten Sie zunächst einmal das Gespräch suchen und die Probleme aus Ihrer Sicht sachlich schildern. Vielleicht liegt nur ein Missverständnis vor und Ihr Chef meint es nicht so, wie er es gesagt hat. Ist das der Fall, dann kann die Sache schnell und problemlos aus der Welt geschafft werden. Es ist auch eine subjektive Wahrnehmung, ob sich ein Angestellter als ein Mobbingopfer sieht oder nicht.

Wenn es sich tatsächlich um einen Fall von Bossing handelt, dann setzt ein Gespräch unter vier Augen ein deutliches Zeichen, denn damit demonstrieren Sie Ihre Stärke. Das kostet natürlich Kraft, eine gewisse mentale Stärke und vor allen Dingen eine sehr gute Vorbereitung. Mit einem Gespräch signalisieren Sie Ihrem Chef, dass Sie sich nicht mobben lassen und dass Sie entschlossen sind, sich zur Wehr zu setzen.

Chefs, die mobben, haben, wie schon erwähnt, meist ein sehr großes Problem mit ihrer Persönlichkeit und sie lassen sich nicht selten von einem entschlossenen Mitarbeiter beeindrucken. Viele stellen nach einem solchen Gespräch das Bossing ein, auch aus der Angst heraus, dass sich der Mitarbeiter an den Personalchef, den Betriebsrat oder sogar an die Unternehmensleitung wenden könnte. Auch der mobbende Chef weiß, dass er eine strafbare Handlung begeht, denn Bossing ist strafbar, wie Mobbing auch.

Sollte ein Gespräch nicht die von Ihnen gewünschte Wirkung haben, dann sollten Sie sich Hilfe holen. Zuständig sind unter anderem Gleichstellungsbeauftragte und Gewerkschaften, die Ihnen in dieser unschönen Situation fachkundig helfen können. Was aber besonders wichtig ist: Sie müssen Beweise für das Bossing sammeln, denn diese Beweise sind die Waffen gegen die Attacken Ihres Chefs. Suchen Sie nach Zeugen, machen Sie wenn möglich Fotos, speichern Sie alle Mails und führen Sie möglichst akribisch ein sogenanntes Mobbing-Tagebuch.

Um Bossing lückenlos nachweisen zu können, muss eine Systematik über einen längeren Zeitraum zu erkennen sein. Es reicht nicht, wenn

Ihr Chef vielleicht ein- oder zweimal ausgerastet ist und sich im Ton vergriffen hat. Selbst wenn es jetzt traurig und entmutigend klingen mag, Sie müssen den mobbenden Chef eine Weile ertragen, um ihm sein wenig ehrenwertes Benehmen nachweisen zu können.

Übrigens, wenn Sie Ihrem Chef Bossing nachweisen können und dieser zur Rechenschaft gezogen wird, dann muss er mit erheblichen Konsequenzen rechnen. Es gibt eine Reihe von Urteilen, die deutsche Arbeitsgerichte gefällt haben. So wurden Chefs, die ihre Mitarbeiter gemobbt haben, zu hohen Schadenersatzzahlungen verurteilt und mussten zwischen 7000 und 15.000 Euro zahlen.

Kapital 42:
Woran Sie erkennen,
dass Ihr Chef Sie scheitern sehen will

Bossing ist die eine Sache, wenn Ihr Chef Sie aber bewusst scheitern sehen möchte, dann ist das etwas ganz anderes. Vielleicht sind Sie ein Mitarbeiter, der mit guten Leistungen glänzt, der bei seinen Kollegen sehr beliebt ist und von den Kunden als kompetent geschätzt wird. Sie sind engagiert, Sie sind motiviert und Sie sind immer bereit, Ihr Bestes zu geben. Wenn dann trotzdem die gewünschte Beförderung ausbleibt, liegt die Vermutung nahe, dass Ihr Chef Sie scheitern sehen möchte. Das ist immer eine sehr frustrierende Situation, denn schließlich haben Sie viel Zeit und noch mehr Energie in Ihre Karriere investiert. Woran kann es liegen, dass Sie einfach übersehen werden? Viel zu oft liegt es an der Person, die Sie eigentlich wertschätzen und fördern sollte – Ihrem Chef. Er will, dass Sie scheitern. Aber woran erkennen Sie sein wenig schmeichelhaftes Vorhaben?

Wenn Mitarbeiter erfolgreich sind, dann sollte sich der Chef eigentlich freuen, denn es spiegelt auch immer die gute Führungsarbeit des Vorgesetzten wider. So sollte es eine Selbstverständlichkeit sein, dass ein Chef sein Team nach Kräften unterstützt, um dauerhaft gute Leistungen zu erzielen und die Motivation weiter zu steigern. Aber es gibt Chefs, die ticken etwas anders, sie wollen Mitarbeiter scheitern sehen und sie haben ganz unterschiedliche Gründe für ihr Tun.

Nicht in jedem Fall passiert dieses Vorhaben auch mit Absicht, denn der überwiegende Teil der Chefs in Deutschland möchte seine Mitarbeitern fördern und ihnen keine Steine in den Weg legen. Wenn das bei Ihnen der Fall sein sollte, dann sprechen Sie Ihren Chef direkt darauf an und suchen Sie mit Ihrem Vorgesetzten nach einer Lösung.

Es kann aber auch sein, dass Ihr Chef Sie einfach nicht leiden kann. Zwar sollte es im Berufsleben professionell zugehen, und wenn es um Entscheidungen geht, dann sollten weder Sympathie noch Antipathie eine Rolle spielen. Im realen Büroalltag sieht das allerdings ganz anders aus, denn mit einigen Mitarbeitern versteht sich der Chef gut, mit anderen weniger gut und mit einigen überhaupt nicht. Das ist nicht verwerflich, sondern menschlich, aber es sollte nicht der Grund dafür sein, eine Karriere zu behindern oder komplett scheitern zu lassen, während vielleicht ein anderer Kollege protegiert wird.

Sollte Ihr Chef Ihre Karriere boykottieren, nur weil er Sie nicht leiden kann, dann haben Sie nur eine Möglichkeit, um beruflich doch voranzukommen: Sie müssen kündigen, denn der Versuch, Ihren Chef zu erziehen, wird in diesem Fall mit sehr großer Wahrscheinlichkeit scheitern. Bei einem anderen Arbeitgeber werden Sie vielleicht offene Türen und vor allem auch einen professionellen Umgang mit den Mitarbeitern vonseiten des Chefs finden.

Eine weitere Ursache, warum Ihr Chef Ihr Weiterkommen torpediert, ist, dass er Sie als direkte Konkurrenz betrachtet. Mitarbeiter, die sehr erfolgreich sind, sind meist auch eine Empfehlung für den Posten, den Ihr Chef gerade besetzt. Das gefällt nicht jedem Vorgesetzten, und wenn Ihr Chef Sie als Gegner in einem Wettbewerb sieht, dann wird er alles Erdenkliche versuchen, Sie so weit wie eben möglich auf Abstand zu halten.

Kapitel 43:
Was können Sie tun,
um ein Scheitern zu verhindern?

Um es vorweg zu sagen: Sie sind in einer denkbar schlechten Ausgangsposition, wenn Sie ständig damit rechnen müssen, dass Ihr berufliches Weiterkommen von Ihrem Chef nach Kräften boykottiert wird. Aber was können Sie tun, wenn Sie sich in dieser Situation befinden? Das, was Sie auf keinen Fall tun sollten, ist nichts zu unternehmen. Wenn Sie nur hoffen und beten, dass sich die missliche Situation von ganz allein löst, dann werden Sie auf jeden Fall scheitern. Mit ein bisschen Glück kann es aber auch klappen, wenn Ihr Chef zum Beispiel versetzt wird, einen Herzinfarkt bekommt und daraufhin in den vorzeitigen Ruhestand geht oder einen neuen Job annimmt. Bis es aber so weit ist, haben Sie garantiert den Spaß an der Arbeit verloren, und sich auf das Glück zu verlassen, ist sowieso keine allzu gute Idee.

Es gibt nur eine Möglichkeit: Sie müssen selbst aktiv werden, es fragt sich nur wie. Bei vielen anderen Problemen, die es im Büroalltag so gibt, wenden Sie sich sehr wahrscheinlich an Ihren Vorgesetzten. In diesem Fall ist das aber natürlich keine Option, Sie müssen sich etwas anderes einfallen lassen.

- Auch Ihr Chef hat wahrscheinlich einen Chef, und an diesen Chef sollten Sie sich wenden. Wenn der Chef zum Problemfall wird, dann gehen Sie zu seinem Vorgesetzten und führen mit ihm ein sachliches Gespräch, und zwar ohne Emotionen. Sie sollten allerdings überzeugende Argumente und nach Möglichkeit auch Beweise in der Hand haben, mit denen Sie das Verhalten Ihres Chefs beweisen können.

- Ein anderer Weg aus der misslichen Lage ist, mit Kollegen zu sprechen. Allein ist es immer schwer, gegen den in der Hierarchie weiter oben stehenden Chef etwas zu unternehmen. Wenn Sie aber wissen, dass Kollegen in Ihrer Abteilung das gleiche oder ein ähnliches Problem mit Ihrem Chef haben, dann sollten Sie gemeinsam etwas unternehmen, denn dann stehen Ihre Chancen deutlich besser.

- Es ist nicht Ihre Schuld, wenn sich die Situation nicht bessert, aber wenn Sie merken, dass Sie nicht vorankommen, dann ziehen Sie einen Schlussstrich und kündigen. Wenn an Ihrer Arbeit nichts auszusetzen ist, dann werden Sie schnell eine neue Anstellung mit einem Chef finden, der Sie fördern und nicht zum Scheitern verurteilen wird.

Kapitel 44:
Auf welche Anzeichen sollten Sie achten?

Wenn es mit der Beförderung oder der Gehaltserhöhung nicht klappen will, dann folgt auf den Frust schnell die Frage: Warum habe ich nicht frühzeitig gemerkt, dass mein Chef mich scheitern sehen will? Es gibt einige alarmierende Vorzeichen, die darauf hindeuten, dass Ihr Chef mit Ihrem beruflichen Weiterkommen nicht einverstanden ist.

»Nobody's perfect«, niemand ist perfekt, und auch im Beruf passieren Fehler. Davon kann sich niemand gänzlich freisprechen, auch der Chef nicht. Wenn Ihr Chef Sie aber scheitern sehen möchte, dann wird es ihm vollkommen egal sein, wer für einen Fehler verantwortlich ist, letztendlich wird er Ihnen die Schuld geben. Das Ziel hinter dieser Aktion ist deutlich zu erkennen: Wer so viele Fehler macht wie Sie, der hat auch keinerlei Aussichten darauf, im Beruf voranzukommen.

Haben Sie vielleicht das ungute Gefühl, dass Sie ständig nur die unwichtigen Aufgaben im Büro erledigen müssen, während die Kollegen an den wichtigen und ganz großen Projekten arbeiten? Ob nun Absicht oder nicht, wenn Ihr Boss Ihnen keine Verantwortung überträgt, dann nimmt er Ihnen die Gelegenheit, sich zu profilieren und mit einer guten Arbeit zu überzeugen.

Ein weiteres Vorzeichen, das dafür spricht, dass der Chef Ihr berufliches Vorankommen verhindern will, ist, dass er Ihnen wichtige Informationen vorenthält. Diese Methode ist besonders mies und perfide, denn damit provoziert der Chef, dass Sie Fehler machen. Diese Fehler kann er dann später als Argument nehmen, um Ihren beruflichen Aufstieg zum Scheitern zu bringen.

Gute Arbeit oder auch Ideen, die vielversprechend sind, finden meist schnell das Gehör und das Wohlwollen in den höheren Etagen. Wenn der Chef Ihres Vorgesetzten das zum Anlass nimmt, um eine Beförderung auszusprechen, dann haben Sie Glück. Pech haben Sie jedoch immer dann, wenn der Chef Ihre Ideen und Ihre Innovationen als die seinen ausgibt und damit vor den Chefs in der oberen Etage glänzt. Wenn Sie das verhindern wollen, dann ist es immer die bessere Idee, wenn Sie Ihre Pläne und Ideen selbst präsentieren und Ihrem Chef keine Chance lassen, sich mit fremden Federn zu schmücken.

Wer ständig kritisiert wird, der wird irgendwann merken, wie sein

Selbstbewusstsein mehr und mehr schwindet. Auf Dauer kann es aber auch frustrierend sein, wenn sich harte Arbeit nicht mehr auszahlt oder überhaupt nicht zur Kenntnis genommen wird. Der Chef, der verhindern will, dass Sie Karriere machen, der wird Sie sehr oft kritisieren und an allem, was Sie tun, etwas auszusetzen haben. So schwindet Ihre Motivation, was sich wiederum auf Ihre tägliche Arbeit auswirkt. Als künftiger Leistungsträger geraten Sie so sehr schnell auf ein Abstellgleis.

Machen Sie Ihren Boss aber nicht zu schnell zum Sündenbock, denn nicht immer trägt er auch tatsächlich die Schuld daran, dass es mit der Karriere nicht so klappt wie gewünscht. Wenn Sie Ihrem Chef voreilig den Schwarzen Peter zuschieben, dann müssen Sie das auch hieb- und stichfest begründen können, denn sonst werden Ihre Chancen auf ein berufliches Weiterkommen noch schneller sinken.

Kapital 45:
Wie Sie Ihren Chef kritisieren, ohne gefeuert zu werden

Kritik, auch wenn sie negativ ist, kann konstruktiv sein. Wenn Sie aber Ihren Chef kritisieren, dann kann das sehr gefährlich werden. Kritik am Vorgesetzten ist ein heikles Thema, besonders dann, wenn der Chef sich für den lieben Gott hält und ungefähr so unfehlbar wie der Papst ist. Wenn Sie diesem Despoten in schicken Nadelstreifen trotzdem Paroli bieten wollen, dann sollten Sie geschickt vorgehen, nie mit der Tür ins Büro fallen und einige Tricks sicher beherrschen.

Was Sie nie tun sollten, ist, den Chef zum Idioten zu erklären, denn diese Geisteshaltung ist brandgefährlich. Im Berufsleben werden Sie immer wieder auf Menschen treffen, die Fehler machen oder die grottenschlechte Einfälle haben, manchmal handelt es sich bei diesen Menschen um den eigenen Chef. Auch wenn es aus menschlicher Sicht vielleicht nachvollziehbar ist, dass Sie Ihren Boss für einen total unfähigen Doofen halten, wenn Sie ihn so behandeln, dann wird Ihre Zeit im Büro sehr schnell ein Ende finden.

Selbst wenn Ihr Gefühl Ihnen sagt, dass alle außer Ihnen dumm sind, dann werden Sie irgendwann ein sehr edles Opfer aus einem Umfeld von Versagern sein. Alle, die unfähig sind, den tatsächlichen Wert anderer Kollegen mit all ihren Fehlern und kleinen Macken zu akzeptieren, stellen sich selbst ins Abseits, denn einen Kollegen, der arrogant und letztendlich auch verbittert ist, den will niemand in seinem Team haben.

Bevor Sie Ihren Vorgesetzten kritisieren, sollten Sie sich fragen, wer die eigentliche Ursache des Übels ist und ob es nicht vielleicht Ihr eigenes Ego ist, das sich falsch verstanden und schlecht behandelt fühlt. Was ist denn so falsch an dem, was der Chef für richtig hält? Es ist mitunter sehr schwer, zwischen einer persönlich erfahrenen Kränkung und einem offensichtlichen Managementfehler zu differenzieren. Wenn Sie den Unterschied nicht kennen oder nicht wahrhaben wollen, dann haben Sie den Kampf um die Kritik am Chef bereits verloren.

Wenn Sie tatsächlich einen guten Grund haben, Kritik an Ihrem Chef zu üben, dann kommt es immer darauf an, wie Sie diese Kritik anbringen. Selbst wenn Sie allen Grund haben, aufgebracht und wütend zu sein, sollten Sie sich auf gar keinen Fall im Ton vergreifen. Es gibt fünf typische Fehler, die bei dieser Gelegenheit immer wieder gern gemacht werden, und diese fünf Fehler gilt es, zu vermeiden:

- Vermeiden Sie es, zu lamentieren. Selbst wenn Sie sehr unzufrieden sind, dann machen Sie sich die Mühe und geben Ihrer Kritik konkrete Formen, die nach Möglichkeit konstruktiv sind. Wenn Sie nur herumnörgeln, dann haben Sie schlechte Karten. Besser ist ein wohlüberlegter Auftritt, mit dem Sie Ihre Souveränität und Ihr Streben nach Qualität unterstreichen. Sie wollen es schließlich nicht anders, Sie wollen es nur besser.

- Ein ganz großer Fehler ist es, einfach in das Büro des Chefs zu stürmen, einen Zettel auf den Schreibtisch zu knallen und dann mit Vorwürfen um sich zu werfen. Wenn Sie das tun, dann können Sie sicher sein, dass Ihr Chef aggressiv wird und Ihnen dann eine saftige Abfuhr erteilt.

- Das denkbar Dümmste, was Sie machen können, ist der Versuch, Ihren Chef zu erpressen, denn dieser Versuch wird wie ein Bumerang zu Ihnen zurückkommen. Wenn Sie mit Kündigung drohen oder in Aussicht stellen, dass Sie nur noch Dienst nach Vorschrift machen, dann sägen Sie den Ast ab, auf dem Sie sitzen.

- Wenn Ihr Chef einlenkt, dann lassen Sie sich nicht zu einer plumpen Vertraulichkeit hinreißen, denn die ist ebenso völlig fehl am Platz wie Sarkasmus oder, vielleicht noch schlimmer, Ironie. Nur weil es Ihnen gelungen ist, den Chef erfolgreich zu kritisieren, dann ist das kein Grund, sich entspannt zurückzulehnen und breit zu grinsen.

- Moralisieren hat immer etwas mit Überheblichkeit zu tun, daher sollten Sie bei der Kritik am Chef auf eine moralinsaure Miene verzichten. Wenn Sie gute Argumente haben, dann ist Moral auch überhaupt nicht nötig; sind die Argumente weniger gut, dann werden Ihnen auch Bewertungen, viele Adjektive und Appelle nicht weiterhelfen. Vermeiden Sie Sätze wie:»Sie wissen, dass ich nicht der Einzige bin, der das so und so sieht«, denn diese Sätze gehen unter Garantie nach hinten los. Wenn Ihr Chef nicht auf den Kopf gefallen ist, dann wird er Namen von Ihnen verlangen, was Sie wiederum in Schwierigkeiten bringt, denn Sie sind dann entweder ein Verräter oder aber Ihre Argumente verpuffen und der Chef hält Sie für einen Wichtigtuer oder, noch schlimmer, für einen Lügner.

Sollten Sie ohne eine Strategie an die Bürotür Ihres Chefs klopfen, um ihn zu kritisieren, dann werden Sie sehr schnell abblitzen. Viele Chefs verbinden Kritik mit Schwäche und sie können darauf sehr dünnhäutig reagieren. Vielleicht hilft Ihnen ein Satz von Mark Twain, der einmal gesagt hat:»Ich liebe Kritik, aber ich muss damit einverstanden sein.«

Kapital 46:
Den Chef erziehen –
so kritisieren Sie ihn richtig

Wenn Sie Ihren Chef erziehen wollen, dann müssen Sie auch lernen, ihn richtig zu kritisieren. Aber worauf müssen Sie bei der Kritik achten? Diese Frage ist leider nicht ganz so einfach zu beantworten, denn ein kritisches Feedback spielt in den meisten Unternehmen eine sehr wichtige Rolle, aber es findet selten von unten nach oben, sondern meist in umgekehrter Richtung, also von oben nach unten statt. Ein Grund dafür ist, dass es den Mitarbeitern in der Regel an Erfahrung fehlt, wenn es darum geht, am Chef konstruktiv Kritik zu üben. Entscheidend ist das richtige Vorgehen, denn schließlich wollen Sie ja auf offene Ohren und nicht etwa auf Ablehnung stoßen. Wie schaffen Sie es, sich Ihrem Chef gegenüber kritisch zu äußern, ohne dass Sie dabei gleich Ihre Kündigung riskieren? Vielleicht hilft es, wenn Sie sich an die folgenden Regeln halten:

- Wenn Sie einen guten Einstieg finden, dann haben Sie schon halb gewonnen. Führen Sie das Gespräch von Anfang an auf einer sehr sachlichen Ebene, achten Sie auf nonverbale Faktoren wie ein zustimmendes Kopfnicken und halten Sie Blickkontakt. Treten Sie selbstbewusst, aber nie arrogant auf, und wenn der Chef vielleicht durch ein wichtiges Telefonat abgelenkt wird, dann verabschieden Sie sich mit dem Hinweis darauf, dass Sie einen neuen Termin vereinbaren werden.

- Unterdrücken Sie immer Ihre Emotionen, besonders dann, wenn der Chef nicht wie gewünscht oder geplant reagiert. Behalten Sie die Ruhe, bleiben Sie sachlich und fragen Sie nach möglichen Hintergründen und Argumenten. Das Ganze darf aber keinesfalls nach einem Verhör klingen, denn kaum ein Chef mag es, wenn er sich rechtfertigen muss. Sie haben jedoch ein gutes Recht darauf, seine Beweggründe und Argumente nachvollziehen zu können, denn schließlich sollen Sie zu einem späteren Zeitpunkt danach auch handeln. Vielleicht handelt es sich ja nur um ein Missverständnis und nicht um eine Meinungsverschiedenheit.

- Sollten Sie gern Schach spielen, dann wissen Sie, wie wichtig es ist, im Voraus zu denken. Sie müssen nicht nur Ihre eigenen Züge, sondern auch die Ihres Gegners abschätzen können. Ganz ähnlich verhält es sich, wenn Sie ein Gespräch mit Ihrem Chef führen wollen und dabei an ihm Kritik üben möchten. Versuchen Sie, sich in seine Lage zu versetzen, das hilft Ihnen nicht nur, Wut und Ärger abzubauen, oft finden Sie auch plausible Erklärungen, warum er in einer bestimmten Situation so und nicht anders reagiert hat. Hilfreich kann im Vorfeld ein Gespräch mit den Kollegen sein. Wie sehen die Kollegen die Angelegenheit? In diesem Gespräch können Sie eventuell einen neuen Blickwinkel auf die Lage bekommen, was Ihnen später bei der Argumentation helfen kann.

- Wenn Sie Ihren Boss kritisieren, dann zeigen Sie, dass Ihnen immer das Wohl der Firma am Herzen liegt. Je genauer Sie Ihre Kritik vorbringen und je ruhiger Sie bleiben, umso offener werden die Ohren Ihres Chefs sein. Lassen Sie Ihren Chef ausreden und wägen Sie Ihre Antworten ab, bevor Sie sie aussprechen. Ganz falsch wäre es, ein Gespräch mit den Worten zu beginnen: »Was ich Ihnen schon immer mal sagen wollte«, denn das hat in der Kunst der Kritik nichts zu suchen.

- Chefs mögen keine Probleme, sie sind nur an Lösungen interessiert. Sie sollten es vermeiden, die Ideen Ihres Chefs als Unsinn zu bezeichnen, denn das ist weder die geeignete Form der Kritik, noch hilft es Ihnen dabei, Ihren Chef von Ihrem Anliegen zu überzeugen. Versuchen Sie es lieber mit: »Vielleicht wäre auch eine andere Lösung möglich«, denn das ist ein Satz, der bei Ihrem Chef Gehör finden wird. Zudem machen Sie es ihm leichter, einzugestehen, dass er sich vielleicht geirrt hat.

Kritik an Ihrem Chef sollten Sie immer nur mündlich äußern und nach Möglichkeit im Rahmen eines Gesprächs unter vier Augen. Wenn Sie sichergehen wollen, dass Ihre Kritik auch wirklich ankommt, dann verpacken Sie Ihre Kritik in Ich-Botschaften und in Fragen, denn so reduzieren Sie Aussagen, die Sie selbst belasten, und klingen nicht rechthaberisch.

Kapital 47:
Können Sie mit Kritik umgehen?

Ein weiser Mann hat einmal gesagt:»Kritik ist eine Sache, die man beherrschen sollte, bevor man sie übt.« Vielleicht können Sie geschickt Kritik üben, aber können Sie auch ebenso gut mit Kritik umgehen? Kritik umweht immer die Aura des Wissens, denn nur wer über etwas Bescheid weiß, der kann daran auch Kritik üben. Im Grunde ist Kritik ganz einfach zu handhaben, denn wenn Ihr Chef einen Fehler bemerkt und Sie dann auf diesen Fehler hinweist, dann ist das nicht weiter schlimm. Das Problem dabei ist aber, dass es nicht jeder vertragen kann, auf sein fehlerhaftes Verhalten hingewiesen zu werden. Bei manchen Menschen entwickeln sich in diesem Fall zum einen Minderwertigkeitskomplexe und zum anderen auch Rachegelüste. Dabei könnte alles so einfach sein.

Es gibt aktive und es gibt passive Kritiker, Sie müssen nur noch herausfinden, zu welcher Gruppe Ihr Chef gehört.

Der aktive Kritiker
Ist Ihr Chef ein kompetenter Kritiker, dann wird sein Bedürfnis nach sozialer Anerkennung auf einem soliden Niveau sein. Er wird nicht versuchen, einen Beliebtheitswettbewerb zu gewinnen, er ist vielmehr dazu in der Lage, auch unangenehme Entscheidungen zu treffen, wenn sie dem Wohl des Unternehmens dienen. Dieser Chef wird immer den Standpunkt Dritter bei einem Konflikt berücksichtigen und stets bemüht sein, eine für beide Seiten sinnvolle Lösung zu finden. Sie haben Glück, denn dieser Chef hat auch Humor, mit dem er jede Kritik geschickt verpackt.

Wenn Ihr Chef ein eher emotionaler Mensch ist, dann kann er sich ohne Probleme in die Lage eines anderen Menschen hineinversetzen. Er hat jedoch eine Schwäche, und das ist die soziale Anerkennung, die er nicht selten höher bewertet als den Erfolg des Unternehmens. Unbequeme Entscheidungen wird dieser kumpelhafte Kritiker nur sehr ungern treffen.

Auch ein kontaktscheuer Kritiker hat seine emotionalen Seiten, einen handfesten Streit erträgt er jedoch nur sehr schlecht. Wenn es zu Konflikten kommen sollte, dann wird er sich unauffällig zurückziehen und in Schweigen versinken. Sie werden wahrscheinlich nicht erleben, dass er sich über Kollegen oder Vorgesetzte äußert; wenn er es aber doch tun sollte, dann niemals negativ.

Ist Ihr Chef ein autoritärer Kritiker, dann ist er ein echter Draufgänger, der immer versuchen wird, seine soziale Inkompetenz irgendwie zu überdecken. Er macht keine Kompromisse, denn das würde nicht zu seinem Stil passen. Wenn er Sie kritisiert, dann nehmen Sie es hin; ihm zu widersprechen ist sinnlos, denn er wird bei seinem Standpunkt bleiben und keinen Millimeter davon abweichen.

Der passive Kritiker
Ist Ihr Chef eigensinnig und auch unbelehrbar, dann werden Sie seine Kritik immer als ein bisschen herabsetzend empfinden. Das ist bei diesem Chef Absicht, denn er möchte, dass Sie merken, dass Sie bevormundet werden. Eine Lösung des Konflikts wird mit ihm nicht leicht, ganz gleich, wie Sie die Kritik auch hinnehmen.

Ein Chef, der offen und positiv auf Kritik reagiert, der erwartet die gleiche Haltung auch von denjenigen, die er kritisiert. Er ist unabhängig, hat seine eigene Meinung, kann aber auch ein Besserwisser sein, eine Tatsache, die er gern mit einer Portion Humor überdeckt. Von diesem Chef können Sie eine konstruktive Kritik erwarten, beleidigen wird er Sie nicht.

Ganz gleich, zu welcher Gruppe der Kritiker Ihr Chef gehört, Sie sollten erst einmal zuhören, wenn er Sie kritisiert. Das klingt einfacher, als es in Wirklichkeit ist, denn wer kritisiert wird, der hat immer das Gefühl, den Kritiker sofort korrigieren zu müssen. Wenn der Wunsch nach einer Korrektur auch groß ist, besser ist es, wenn Sie zunächst einmal fragen, wie die Kritik zustande gekommen ist. Diese Frage sollte aber nie einen anklagenden oder einen sarkastischen Tonfall haben, bitten Sie einfach um eine genaue Erklärung. Seien Sie fair, und wenn eine Kritik berechtigt ist, dann nehmen Sie sie auch an, vielleicht ist sie tatsächlich hilfreich und Sie bekommen die Chance, etwas zu verbessern.

Kapitel 48:
Wie Sie Ihrem Chef schlechte Manieren abgewöhnen

Schlechte Manieren nerven nicht nur im Privatleben, sie sind auch im Büroalltag eine Qual. Wer sich nicht zu benehmen weiß, der hat keinen Respekt vor anderen Menschen, er ist inkompetent und meist auch rechthaberisch. Wenn Sie einen Chef haben, auf den diese Attribute zutreffen, dann müssen Sie etwas unternehmen und diesem Chef seine schlechten Manieren abgewöhnen. Manchmal sind es nur Marotten, die das Leben mit dem Chef schwer machen, manchmal ist es aber einfach nur schlechtes Benehmen, das keine Entschuldigung verdient.

Im digitalen Zeitalter ist ein Smartphone zur Selbstverständlichkeit geworden. Wahrscheinlich hat auch Ihr Chef ein Smartphone, und daran ist nichts auszusetzen. Wenn er Sie aber zu einem Gespräch bittet oder in einem wichtigen Meeting sitzt und ständig sein Handy checkt, dann ist das unhöflich und zeigt, dass Ihr Chef nicht im Geringsten an Ihnen oder dem Meeting interessiert ist. Wenn Ihr Chef mehr auf sein Smartphone schaut als auf Sie, dann stehen Sie auf und lassen ihn wissen, dass Sie einen neuen Termin vereinbaren werden, denn offensichtlich passt es gerade nicht so gut. Nimmt Ihr Chef während einer Unterredung mit Ihnen dauernd Telefongespräche an und kommt nicht auf die Idee, das Büro zu verlassen, dann sollten Sie ebenfalls sitzen bleiben, dann das zeigt ihm sehr schnell, wie unhöflich und wenig professionell sein Benehmen ist.

Vor allem junge Chefs, die frisch von der Universität oder der Business School kommen, pflegen eine ganz besondere Sprache. Wie diese Sprache klingt, das lässt sich an einem Satz des früheren Vorstandschefs der Deutschen Bank, Hilmar Kopper, eindrucksvoll demonstrieren: »Jeder muss im Job permanently seine intangible Assets mit High Risk neu relaunchen und seine Skills so posten, dass die Benefits alle Ratings sprengen, damit der Cashflow stimmt.« Business-Sprech nennt man diesen wirren Mischmasch aus deutschen und englischen Wörtern, den nur Insider richtig verstehen. Chefs, die so reden, haben ein Problem: Sie nehmen sich selbst unheimlich wichtig. Das trifft auch auf die Chefs zu, die sich nur mit Abkürzungen verständigen können. Wenn Ihr Chef Sie mit ROI, KPI oder WOM nervt, dann bitten Sie ihn ruhig und sachlich, das Ganze in verständlicher Weise zu sagen, denn schließlich wollen Sie, dass seine Aufträge richtig ausgeführt werden. Alles andere als höflich ist es, beim Gespräch den anderen immer wieder zu unterbrechen. Wenn das passiert, dann entsteht der Eindruck, als wäre das, was Sie sagen, nicht weiter wichtig. Ein Chef, der jeden Ihrer Sätze unterbricht, ist aber nicht nur extrem unhöflich, er ist auch respektlos und besserwisserisch. In dieser Situation lassen Sie Ihren Vorgesetzten zunächst einmal reden und schweigen Sie, wenn er damit fertig ist. Auch der dümmste Chef wird sehr schnell merken, was er falsch gemacht hat, und Sie beim nächsten Gespräch wahrscheinlich nicht mehr unterbrechen.

Pünktlichkeit ist die Höflichkeit der Könige, sagt man, aber manche Chefs haben davon noch nie etwas gehört. Chefs, die regelmäßig zu spät zu wichtigen Konferenzen oder Besprechungen kommen, zeigen damit, dass ihre Zeit deutlich kostbarer ist als die Zeit der Mitarbeiter. Das wirkt anmaßend und auch überheblich. Wenn Sie Ihren Chef zur Pünktlichkeit erziehen wollen, dann müssen Sie ihm klarmachen, dass kein Geschäftspartner diese Unpünktlichkeit dulden wird. Wer noch nicht einmal seinen Terminkalender im Griff hat, der wird auch wichtige Geschäfte nicht managen können.

Wer etwas verkaufen will, der darf sich nicht in Bescheidenheit üben; hingegen das Blaue vom Himmel herunter zu versprechen, ist keine gute Idee. Das Gleiche gilt auch für Chefs, die ihren Angestellten großzügige Gehaltserhöhungen in Aussicht stellen oder die Ihnen versprechen, dass Sie im Unternehmen ganz groß rauskommen werden. Solche vollmundigen Versprechen sollten Sie grundsätzlich mit großer Vorsicht genießen. Fragen Sie Ihren Chef, ob er seine Versprechen konkretisieren kann und woran er sie festmacht. Es kommt aber auch auf den Charakter Ihres Chefs an, denn wenn er in der Vergangenheit immer sein Wort gehalten hat, dann können Sie davon ausgehen, dass er es auch diesmal machen wird. Neigt er hingegen eher zu Übertreibungen, dann sollten Sie sich keine großen Hoffnungen machen. Geben Sie Ihrem Boss jedoch unmissverständlich zu verstehen, dass jeder am Ende an seinen Taten und nicht an seinen Worten gemessen wird.

Kapital 49:
Chefs, die versagt haben

Sie haben einen eher zwiespältigen Ruf, die Topmanager in den Chefe-tagen der deutschen Unternehmen. Lange Zeit galten sie als die strahlenden Helden, die neuen Stars, die nicht nur mit Entscheidungsmacht, Charisma und Wissen, sondern auch mit viel Glamour glänzen konnten. Aber diesen großen Auftritten stehen nackte Fakten gegenüber, und die zeigen die Stars in einem ganz anderen Licht. In der globalen Wirtschafts- und Finanzkrise, aber auch bei vielen anderen Gelegenheiten haben die Topmanager einiger ganz großer Unternehmen kläglich versagt und, was noch schlimmer ist, sie haben dieses Versagen auch noch schöngeredet.

Einer dieser Manager, der sein Versagen vor Gericht verantworten musste, war Thomas Middelhoff, der frühere Chef von Arcandor. Selbst als Karstadt schon kurz vor der Pleite stand, war Middelhoff davon überzeugt, dass das Unternehmen kurzfristig noch zu retten wäre. Thomas Middelhoff steht aber nicht allein da, denn dieser kongeniale Größenwahn findet sich auch bei Heinrich von Pierer, dem Exchef von Siemens, oder Josef Ackermann, dem früherem Chef der Deutschen Bank. Als Chefs waren die drei Herren komplette Fehlbesetzungen. Middelhoff flog auf Firmenkosten mit dem Hubschrauber, um die Staus im Ruhrgebiet zu umgehen, während die Angestellten bei Karstadt auf Weihnachts- und Urlaubsgeld verzichten mussten. Ackermann duldete keine Widerrede und soll angeblich wenig umgänglich gewesen sein; das Gleiche wird auch über von Pierer gesagt.

Versager in Nadelstreifen finden sich auch bei VW, einem Unternehmen, das unter anderem durch seine Führungskräfte in die Schieflage geraten ist. Ob Martin Winterkorn oder Ferdinand Piëch – beide pflegten einen autoritären Führungsstil, und wer nicht bereit war, sich unterzuordnen, der bekam entweder die Kündigung oder ein Flugticket in die Heimat auf den Schreibtisch gelegt. Alles hatte zu funktionieren; war das nicht der Fall, dann waren die Angestellten schuld, nie die Chefe-tage. Es wird vermutet, dass der Dieselskandal auch durch Angst ausge-löst wurde, denn als man herausgefunden hatte, dass die Messwerte und die tatsächlichen Abgaswerte nicht übereinstimmen, hatte man Angst, das nach oben zu melden. Die zuständigen Mitarbeiter hielten aus Angst um den Arbeitsplatz den Mund und der Skandal nahm seinen Lauf.

Kapital 50:
Psychopathen in Nadelstreifen

Mehrere führende Psychologen sind der Ansicht, dass heute in den deutschen Chefetagen besonders viele Psychopathen zu finden sind. Diese Chefs zeichnen sich durch viele denkbar schlechte Eigenschaften aus, denn sie sind manipulativ, egozentrisch, aber auch brillant. Sie nutzen ihre führende Position, um ihr drängendes Bedürfnis nach Dominanz auszuleben. Perfide ist allerdings, dass diese Chefs Soft Skills geschickt zu nutzen wissen; aber das hebelt das Phänomen nicht aus, denn viele der Psychopathen können auch in dieser Hinsicht punkten. Wie andere Psychopathen sind diese Chefs in der Lage, anderen perfekt Gefühle vorzuspielen, obwohl sie eiskalt und verlogen sind. Aber vielleicht ist es genau das, was sie so erfolgreich macht.

Viele Manager von heute sind emotional nicht mehr am Geschehen beteiligt, das macht es für sie einfacher, mit stressigen Situationen oder mit weniger populären Entscheidungen besser umzugehen als andere Menschen. Natürlich würde man dieses Verhalten nicht bei seinem richtigen Namen nennen, übersetzt klingt die Definition harmlos, wenn auch fragwürdig. Führungsqualitäten werden da bescheinigt, Manager, die besonders leistungsfähig, entscheidungsstark und charismatisch sind, sie alle haben das Zeug, was man mitbringen muss, um ein echter Leader zu sein.

An der Spitze der großen Unternehmen ist die Luft besonders dünn, und wie das so ist bei einer Unterversorgung mit Sauerstoff – die Selbstwahrnehmung leidet. Die Chefs der Global Player sind die Herrscher über Etats, die milliardenschwer sind, sie haben die Verantwortung für Tausende von Mitarbeitern und mit Demokratie kommt man da nicht weit. Das demografische Korrektiv ist vielleicht in der Politik zu finden, aber es ist ganz bestimmt nicht in den Führungsstrukturen der großen Unternehmen zuhause. In der Konsequenz ist der Topmanager ein einsamer Mensch, der wie ein König außerhalb und innerhalb der Firma Hof hält, solange er auf seinem Posten ist. Diese Chefs müssen immer mit Speichelleckern leben, Schmeicheleien gehören hier zum Alltag. Konstruktive Kritik, die vielleicht strategische Korrekturen möglich machen könnte, die wird man allerdings nicht finden.

Kapital 51:
Neue Chefs braucht das Land

Vielfach sitzen in den deutschen Führungsetagen alte Männer, die einfach nicht loslassen können. Sie torpedieren jeden Versuch, junge, unverbrauchte Manager in die Chefetagen zu bringen, und machen damit auch ihren Mitarbeitern das Leben sehr schwer. Nicht selten geben die jungen Nachfolger entnervt auf, weil sie noch eine Weile mit dem alten Chef zusammenarbeiten müssen und dabei so gut wie keinen Handlungsspielraum haben. Vielfach ist das Datum für den Rücktritt von Topmanagern vertraglich verankert und ein Wechsel der Generationen ist so kaum noch möglich. Warum weichen diese Chefs nicht von der Stelle? Viele haben Angst davor, im Ruhestand in ein »schwarzes Loch« zu fallen, plötzlich unbedeutend zu sein und nicht mehr gebraucht zu werden. Der Mythos ist von einem auf den anderen Tag weg, und für Menschen, die ihr ganzes Leben nur einem Ziel gewidmet haben, nämlich dem Erfolg des Unternehmens, ist das nur sehr schwer zu ertragen.

Dabei ist es besonders in der heutigen Zeit wichtig, dass die jungen Manager das Ruder übernehmen. Diese Chefs sind ganz anders als die alte Führungsriege. Die nächste Generation verbindet Leistungs- mit Karrierewillen; Empathie und auch die Bereitschaft zur Kommunikation sind keine Fremdworte. Auf Statussymbole welcher Art auch immer legen diese neuen Chefs keinen Wert, sie sind mit ihrem Ego auch so zufrieden.

Ihr Privatleben und ihr berufliches Leben führen diese neuen Führungskräfte so zusammen, dass immer ausreichend Raum für beides bleibt. Sie haben Familie und Freunde, sie sind keine einsamen Wölfe, die jeden wegbeißen, der ihnen zu nahe kommt. Die neue Generation, die jetzt nach und nach in den Chefsesseln der großen Konzerne Platz nimmt, ist zwar ehrgeizig, aber auch pragmatisch, sie haben nicht den Ehrgeiz, mit ihrem Amt zu verschmelzen. Die neuen Führungsqualitäten besitzen ein sehr großes Potenzial, denn sie können die Kultur der Unternehmen in Deutschland ganz neu definieren. Offenheit, ein Feedback auch abseits der bloßen Orientierung, Zielvorgaben, die realistisch sind, und ein sicheres Gefühl für die Führung von Menschen zeichnen diese jungen Führungskräfte aus.

Die Kultur eines jeden Unternehmens definiert sich nach wie vor von der Spitze her. Da bleibt kein Platz mehr für den Topmanager der alten Schule; was gebraucht wird, das sind echte Persönlichkeiten. Vielleicht ist auch Ihr Chef eine dieser neuen, jungen Führungspersönlichkeiten, und es ist vielleicht eine große Umstellung für Sie, mit einem jungen Chef zu arbeiten. Natürlich kann es sein, dass Sie auch diesen Chef noch ein wenig erziehen müssen, aber bevor Sie zu Erziehungsmaßnahmen greifen, schauen Sie sich doch einfach mal an, was dieser Chef kann. Geben Sie ihm die Chance, sich zu profilieren, und es kann passieren, dass Sie eine angenehme Überraschung erleben. Wenn es nicht so ist, dann können Sie immer noch überlegen, wie Sie den Chef nach Ihren Wünschen zurechtbiegen.

Gute Chefs fallen leider nicht vom Himmel, sie werden im Arbeitsalltag gemacht. Geben Sie einem neuen Chef die Möglichkeit, sich zu bewähren, und wenn das gelingt, dann werden Sie unter Garantie gut miteinander auskommen. Es ist nicht ganz so einfach, einen wirklich guten Chef zu finden, aber unmöglich ist es nicht.